1985年2月25日、全日本女子プロレス、長与千種をアルゼンチンバックブリーカーで痛めつけるダンプ松本。WWWA世界タッグ戦。東京・大田区体育館。

母・里子さんと。

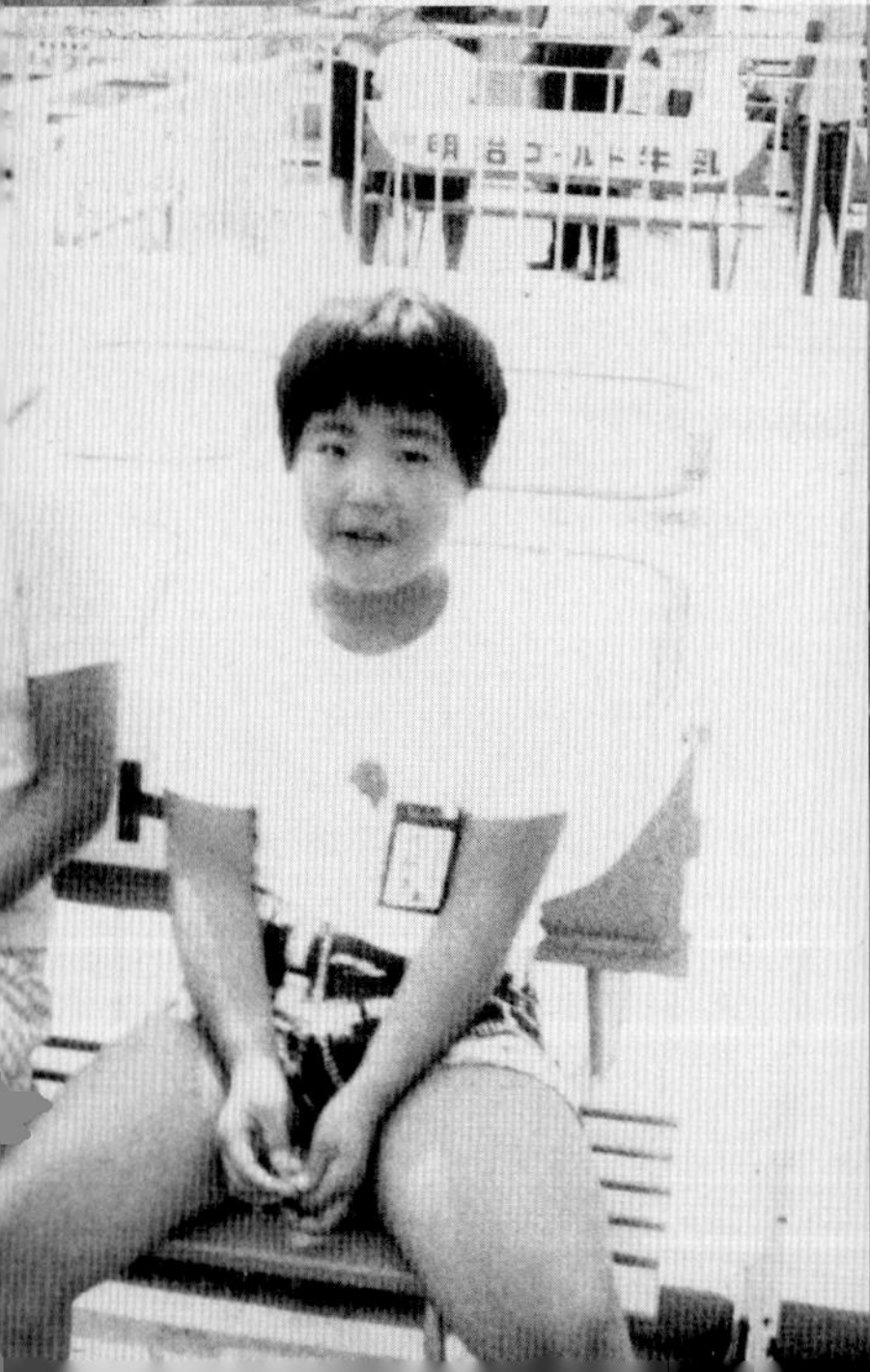

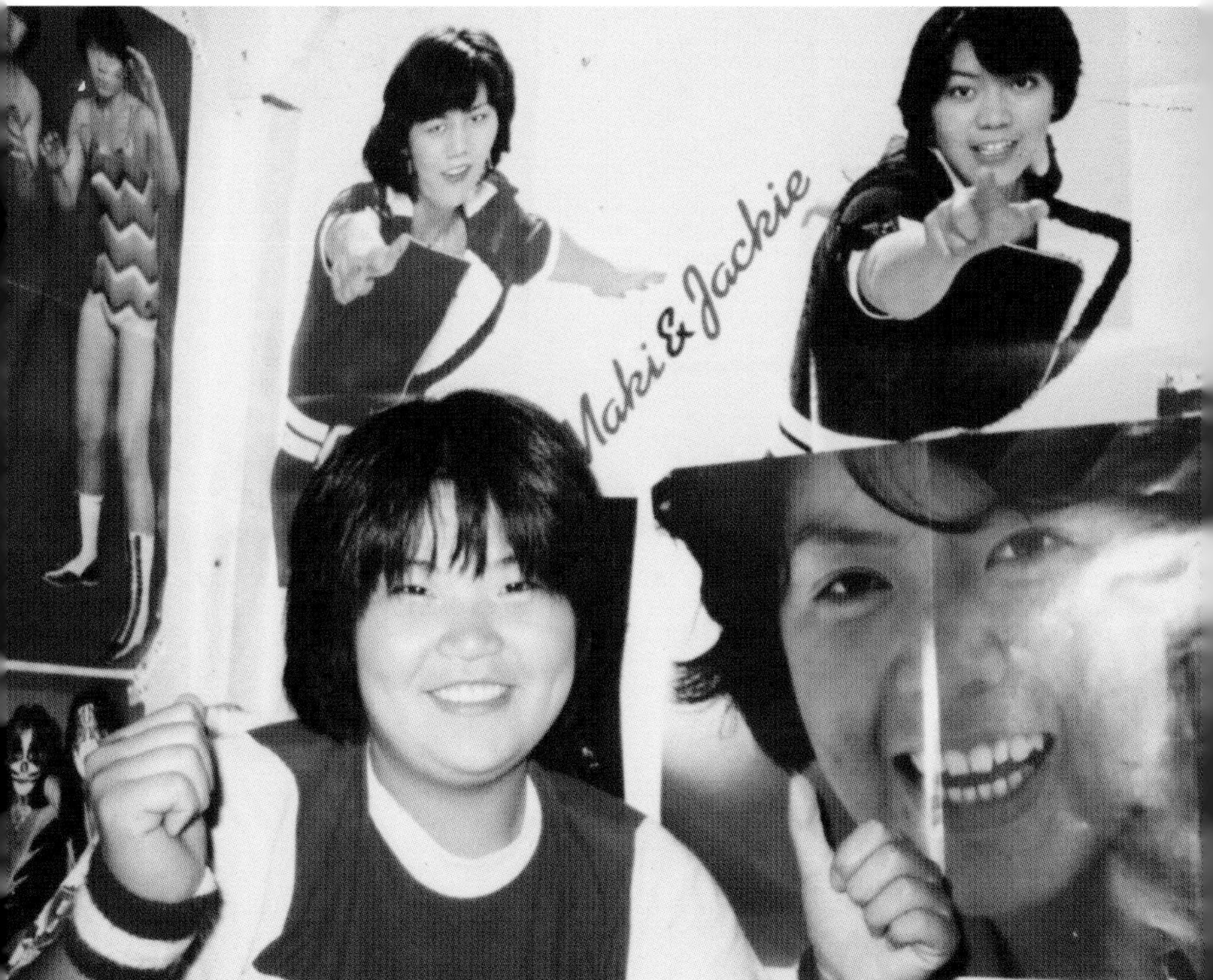
Maki & Jackie

全日本女子プロレス、下積み時代、左からライオネス飛鳥、ダンプ松本、大森ゆかり、長与千種。

全日本女子プロレス、下積み時代の時。左から、ライオネス飛鳥、ダンプ松本、大森ゆかり、長与千種。

全日本女子プロレス、長与千種（左17歳時）と
ダンプ松本（右20歳時）

1985年6月14日、全日本女子プロレス、ダンプ松本の顔にペイントする 極悪同盟のメイク担当・コンドル斉藤。北海道・函館市民体育館。

1989年2月3日テレビ番組出演時

1985年2月25日、全日本女子プロレス、WWWA世界タッグ王座を奪取した 極悪同盟。右からクレーン・ユウ、謎の黒覆面マネージャーであるザ・ベートーベン、ダンプ松本、前列中央は阿部四郎レフェリー。東京・大田区体育館

1985年7月11日、全日本女子プロレス、ダンプ松本のラリアットに一回転する立野記代。千葉公園体育館。

ダンプ松本の母親・里子さんの
誕生日を祝う父親・五郎さん。

ダンプ松本
『ザ・ヒール』

平塚雅人・著

装丁・本文デザイン／山下知子、瀬戸瑞絵（&Ydesign）
協力／東京スポーツ新聞社
松本広美

《第1章》――1960年、松本香誕生

明るい家庭の思い出なんてひとつもない。家族全員そろっての温かい団欒すら、ほとんどなかった。埼玉県熊谷市の貧しい家に生まれた。市街地から歩いて10分程度の住宅街だったが、上下4世帯の四畳半一間のアパートに親子4人が生活していた（図）。今、思えば、どうやって父、母、自分と3枚の布団を敷いていたのだろう。不思議で仕方がない。同じ間取りのアパートが3棟、「T」の字を逆にした形で並んだ変わった造りで、自分が住む家は2棟が、共同トイレと井戸を使っていた。朝夕には井戸前で各家族があいさつや他愛のない会話を交わす。井戸は社交場だった。自分は井戸水を使った最後の世代なんじゃないかと思う。

20年ほど前にそのアパートが取り壊しになった後、跡地を見に行ったことがある。小さな駐車場程度の空間だった。こんなに狭い土地だったのかと驚いた。子供のころはとてもとても大きい、果てのない広い世界だったのに。この場所に何十人という大人が生活していたことが信じられず、愕然とした。高度経済成長期の夢や笑い声や希望はかけらも残されておらず、雑草だけが生い茂っていた。

家賃は3000円程度だったと思う。大家さんは地元の大地主だったのかな。昭和初期のような、とてもつつましい生活環境だった。どういういきさつでそうなったのかはわからないが、母はアパートの管理人を任され、松本家は2階の角の部屋に住んでいた。母は毎月末になると、各家庭を回っては、家賃を集める仕事を任されていた。まだ妹（広美）が生まれる前だから、昭和30年代後半の話だ。当時2〜3歳だった自分は、母の横にぴったりとくっついて家賃を集める姿を眺めていた。やがて大家さんが「水道を入れましょう」と言ってくれて、アパートに水道が引かれ、家賃は5000円になったらしい。そんな時代だ。

各家庭を回るたびにそれぞれの家が、紙にくるんだお菓子をくれるのがうれしくてうれしくて。それだけでついて回ったんだけど、本当にいろんな人が住んでいた。家中をインコやカナリアの鳥かごでいっぱいにしていたおばあさん。昼間から仕事もせずにお酒を飲んでいるおじいさん。母とは「小鳥のおばあさん」とか「のんべえのおじいさん」とか、各家に名前をつけて呼んでいたと後に聞いた。どの家もその程度のつつましい暮らしをしていた。

それでも、子供たちでアパートの前で遊んでいると「あれっ、あのおうちにお父さんじゃない人が入っていくよ」「お父さんが代わったのかな?」「きっとそうだね」などと話していた。子供は無邪気なりに敏感なものだ。思えばこの時、初めて社会の構図みたいなものを垣間見たのかもしれない。皆が貧しいから、貧しさなんて気にする必要もなかった。別の棟に住む男の子たち、住宅街の大きな家に住む子どもたちとも分け隔てなく、野原を駆け回って遊んでいた。

問題は父（五郎＝享年87）だった。定職にもつかず、遊び回って一年中、ほとんど家には寄りつかない。母（里子＝87）が、座布団や掛け布団の綿を詰める内職で細々と家計を支えていた。アパートの管理人だったから家賃がタダだったので、相当助かったんじゃないかと思う。自分が小学校に入る時期には、子育ても終わったから母は近所の工場に勤務するようになったので、家計はなんとかましになった。それまで、父が家に入れたお金なんて数える程度だっただろう。

父の実家は埼玉県東松山市の大きな農家だった。7人兄弟の6男坊。家は裕福だから、中学校を出たら家の手伝いもせずに遊んでいたと聞く。とにかく、とんでもない遊び人だったらしい。家の車を勝手に運転しては、近所の若い女の子に声をかけまくる。「車の免許を取るなら運転を教える」とか、「道を教えるよ」とかが口説き文句だったらしい。身長は170センチ強で顔立ちも整っていたから、あちこちで女の子に声をかけてはナンパに成功していたらしい。亡くなってから若い時の写真が見つかったんだけど、確かに物凄い髪の毛の量のリーゼントで、男前なんだけど、いかにも遊び人だ。本当に仕方がない男だと思う。

母の実家も埼玉県大里村（現・熊谷市大里町）で農業を営んでいた。百何年も続く、わらぶき屋根の古い農家だった。歴史はあるけど暮らしは質素なもので、母は農業を手伝うかたわら、近所の赤ん坊を背負って子守りをするアルバイトをしては、5円か10円もらって、家に食費として入れていたらしい。だから、小学校しか出ていないいんじゃないかな。母は後年、「早く農業から抜け出して熊谷へ出て仕事がしたかった」と語っている。近所では熊谷が一番の大都会だったからだ。

自分の手元には母親の10代後半のころの写真がある。まるで映画女優のように、とてもとても可愛らしい。後年、全日本女子プロレスに入ってから松永会長（高司氏＝故人）に見せると、「いやあ、凄い美人だなあ。これだったら、俺がダンプのお父ちゃんになっていたかもしれないな」と驚いたほどだった。運悪く遊び人の父に引っかけられたんだか、ひとめぼれされたんだかよくわからないが、家の近所で会った父のほうが見初めたようだ。プロポーズの際は牛1頭を母の家に連れて行き、「結婚してください」と求愛した。もっとも、その牛も「息子が勝手に持っていったから返してくれ」と実家に激怒され、父親が連れ戻しに来たって聞いたけどな。結婚当初からそんな調子だった。

後日に母から聞かされたのだが、実はこの時、母は熊谷のうどん屋さんの息子さんとお見合いの話がまとまりかけていたようだ。もし、母がうどん屋のおかみさんの道を選んでいたら、幸せになっていたのだろうか。そして、その家に生まれた自分はどうなっていたのか想像もつかない。まあ、結果的に母は悪い男についていってしまったという結論だけは間違いない。

結婚後も父の遊び癖は収まることもなく、自分が生まれた後も酒、バクチ、女と遊びの限りを尽くした。トラックの運転手をしていた時期に助手席に乗せてもらった記憶はあるものの、それもほとんど長続きしなかった。外に女をつくっていたのだろう。たまに家に帰ってきた時は酔っぱらっては、母に当たり散らす。それでも、申し訳ないと思っているのか、帰ってくる時は『オロナミンC』を1ケースとか買ってくるんだ。何か笑っちゃうよね。この人、バカなんじゃないかって思った。戻ってきても仕事に行くわけでもなく、お金は1銭も家に入れない。この家からいなくなればいいのに。幼心で常に父を憎み続けていた。

父に夏休みにどこかに遊びに連れていってもらった記憶もない。抱き上げられてあやされたことも、お菓子やおもちゃを買ってもらったことだって一度もない。日々のおかずはコロッケ1個とか、にんじんのてんぷらとか、あるいは当時の郷土料理だったイナゴの佃煮とかとてもつつましいものだった。それでも太っていたのは他人の分も横取りして食べていたからだろうか。いや、母が苦労して貧しいなりに粗末な素材を工夫して料理を重ねてくれたおかげだと思う。父は一度も来てくれなかったけれど、運動会や遠足には必ずゆで卵が入ったきれいなお弁当を作ってくれた。内職のお金で何とかやりくりしていたのだろうけど、今、考えても凄いなと思う。まあ、あの時代はどの家庭でもそうだったのかな。

そんな日々が続くうち、いつしか父は突然、家に戻ってはまた母に苦労をかける。父が帰ってくる時は、酔っぱらっているので家の近所から少しずつ大声が聞こえてくる。そして、「ダンダンダンダン」と階段を乱暴に上る音。自分は6歳くらいまでの視覚的な記憶はあまりないのだけれど、あの嫌な音の記憶は今でも胸に刻まれている。そうすると、「お母さん！　お父さんが帰ってきたよ。電気を消して寝たふりをしよう」と母にすがった。しかし、父は酔っぱらった後は必ず食事をする癖があった。四畳半に充満する、酔っぱらいの臭いがとても嫌でたまらなかった。あんなにどうしようもない夫となぜ別れなかったのか、再婚の話はいくつでもあっただろうと、母に聞いたことがある。「まあ、死ねばいいのにとは思っていたわね」と答えたから笑った。夫婦ってわからないものだ。

ある夜、泥酔した父は母を殴ろうとして、勢いでガラス窓を叩き割ってしまった。畳は真っ赤な血の海だ。自分は「お母さん、このまま放っておけばこの人は死んじゃうから、救急車を呼ばなくていいよ」と泣いてすがった。結果的に近所の人が大騒ぎを聞きつけて１１９番したので、父の命は助かったのだけれど。本当にあの時、死んでいればよかったのに、と何年かは幼心に思い続けたものだ。

妹が生まれる時だ。母が入院した際、さすがに3歳児を家にひとりにするわけにもいかないから、父は家に戻った。数日間、父とふたりの生活が続いた。この時、自分はどうしても忘れられない仕打ちを受けた。父から手を上げられた記憶はない。怒鳴られたのも中学生の時に一度あった程度だ。しかし、放蕩を繰り返し、母を苦しめる父は憎悪の対象でしかなかった。ある日、父は友人数人を呼んで家で酒盛りを始めた。興が乗り始めてほどよく酔ったころ、父は横で騒ぎ続ける自分を「うるさい！」と一喝すると、開き戸のタンスに押し込んでしまった。

タンスの中は真っ暗だ。自分は声を押し殺して泣き声を上げるしかない。深い暗闇の向こうからは、狭い部屋で酔っぱらっては騒ぐ大人たちの笑い声がまるで遠い世界の呪文のように聞こえてくる。今、思えば、足で蹴飛ばしてタンスを開けて、自分から飛び出せばよかったんだよな。でも、暗闇の向こう側に広がる煙草の煙とお酒の臭いが、とても怖い世界の象徴のような気がしてどうしても飛び出す勇気が出なかった。

そのまま泣き疲れて眠ってしまったのか、父が出してくれたのかはよく覚えていない。だけど、あの時に見た「暗闇」の深さは、後に自分が大人になって経験するどんな「暗闇」よりも深く、底がないような恐怖感に満ちていた。数日後、妹が生まれて一家は4人になった。そして、父はまた家から姿を消すことになる。

1枚の絵画のように胸から決して消えない記憶がある。6歳の時だ。母が知り合いから「父と愛人が川崎市に住んでいるらしい」と知らされた。母が自分と3歳の妹を連れて「別宅」まで直談判に行った時の記憶は、今でもハッキリと覚えている。相手側を油断させようと思ったのだろうか。母はまず、妹に粗末なアパートの一室をノックさせた。すると、父が「あれ、広美ひとりで来たのか？」なんてノンキなことを言って玄関に出てきた。何言ってんだ、この人。3歳児が熊谷から川崎までひとりで来れるわけないだろう。自分は相当険しい表情をしていたに違いない。狭い部屋の中には女の人と赤ん坊がいる。思えば、腹違いの妹だったのだろう。しかも、自分と同じ「香」って名前までつけていたから、さすがに心から「ふざけんなよ！」って思った。

すぐに、母と父と女性が話し込み始めた。結構な修羅場だ。その間、自分と妹は小さな赤ん坊をあやしていた。

その後、その女性は父と別れ、別の男性と結婚したと聞く。母が「ちゃんとした人と結婚したらしい」と言っていたけど、この言葉もよく考えると何か笑ってしまう。しかし、本当にどうしようもない父親だった。隠し子に「香」ってつけた理由だって、自分の長女を思い起こそうとかきれいごとでは絶対ないはずだ。ただ単に、名前を考えるのが面倒くさかったに違いない。それでも、元気でいるのなら、死ぬまでに腹違いの妹の「香」に会ってみたい。今では正直にそう思う。

普通の一家では考えられないことの連続で、幼少期の自分にとって父は憎悪の対象でしかなかった。大好きな母を苦しめるこの男をどうにかしてやりたい。そのためには、自分が強くなって見返してやるしかない。その後にプロレスラーを志す自分には、大きな理由があった。

父を殺したかったのだ。

《第2章》——母の家出と父との確執

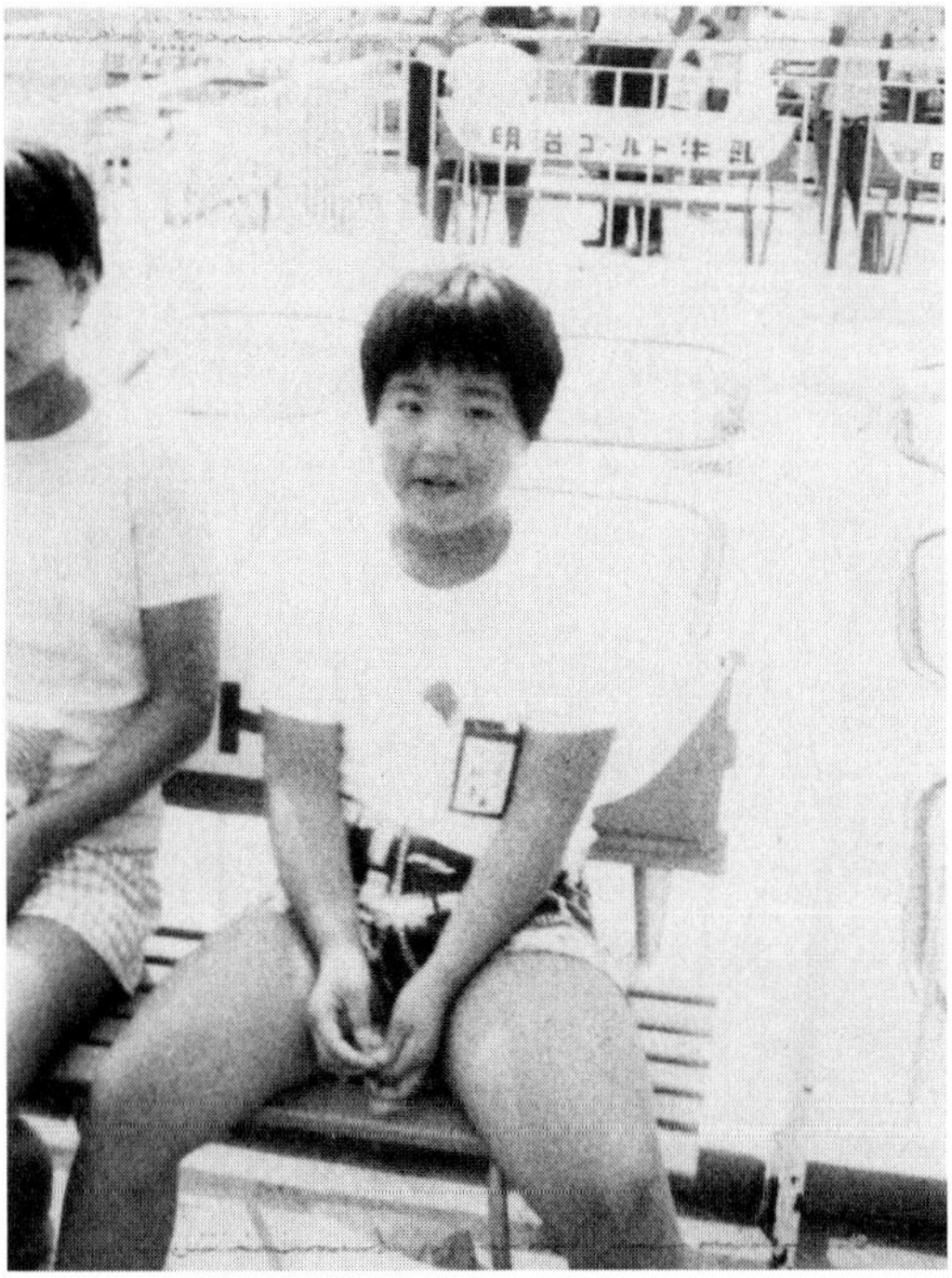

父親への殺意を胸に抱いて、女子プロレスラーを目指した人間なんて前代未聞だろう。子供が親を殺してしまうこともある現代とはいえ、こんな考えは絶対に許されるはずがない。「父を殺したい」と言うと、よほどひどい仕打ちを受けたのだろうと思われるかもしれない。ましてや、家庭内暴力、子供への虐待、痛ましい話では父親が自分の娘に性的暴力を働くというニュースが相次ぐ世の中だ。不幸中の幸いというか、自分は父に直接暴力を受けたことは一度もなかった。ただひたすら、母のことを案じて父を憎んだのだ。

ＳＮＳが発達した今を生きる子供たちは、もっと多くの危険、悪意、そして大人の罠にさらされてしまう、とても生きづらく悲しい世の中になってしまった。もっともその後、自分は身も心も女子プロレスのトリコになってしまい、父親への殺意もやがて忘れるようになる。何より、母が悲しむと考えた。すべてを携帯電話に委ねてしまう現代なら、また別の結果になっていたかもしれない。平和な時代に生まれたことを感謝するしかない。

小学校（熊谷市立東小学校）では一度もスカートをはいた記憶がない。いつも、男の子たちとカブトムシの幼虫やカエルやザリガニを捕りに行っては、野球のまねごとのボール遊びをしたりしていた。家はまだ貧しかったけれど、元気はありあまっていた。今は熊谷バイパスが開通して消えてしまったが、カブトムシが生息する山やザリガニがいる川がすぐ近くにあった。ザリガニなんてまだ食用の時代で、捕まえては家に持って帰った記憶がある。ザリガニやサワガニは開いて焼き、サワガニは素揚げして塩をかけて食べる。もう、関東ではそんな風習は消えてしまったけどな。

自分が小学校に入ると母は近所の工場に勤めたため、自分はいわゆる「カギッ子」となった。家計は少しだけ安定したが、子供の自分には見えない夫婦間の溝は深まっていったのだろう。小学校4年の時、父の放蕩に耐えかねた母がとうとう家出した。ある冬の朝、思い詰めた表情で100円玉、10円玉がパンパンに詰まった封筒を自分に手渡し、「香ちゃん、これでおいしいものを食べてね」と言い残して家を出たのだ。

自分はその意味がわからず、学校へ行った。母はいつものように工場に働きに出たものと思っていた。

しかし、学校から戻っても、母が帰宅する気配は一向にない。明らかに部屋の様子が日常とは異なっていた。もしやと思いタンスを開けてみると、唯一の貴重品だった母の着物も消えている。自分はたまたま家に戻っていた父に、「お母さんが出て行っちゃった！」と泣きすがった。父と妹と3人でバスに乗り、大里村の母親の実家まで捜しに行った。農業の手伝いのために女性として一番輝いた日々を犠牲にして、嫁いでからは父に苦労させられっぱなしの人生を送った母だ。行き先は実家しか考えられなかった。

バスに乗って約30分、3人で母の実家までバス停からうつむきながら歩いた。誰もが無言だ。当然、母の実家は居留守を使う。かやぶき屋根の古いけれど堂々とした構えの農家には物音ひとつしなかった。うなだれて帰ろうとした矢先、自分は窓のレースカーテン越しの向こうに母の人影のようなものを感じた。「お母さん、いるよ。絶対にいるから！」。バス停まで歩きながら戻る最中、泣き叫ぶ自分に押し切られた父と妹、３人で母の実家に引き返した。夫婦間の複雑な感情は自分にはわからない。それでも、母と娘の絆は、父には絶対に理解し得ないものだ。その絆が働かせた「直感」だった。

自分たちが帰ったと思って油断したのか、実家に急いで戻ると、玄関先に母の姿があった。自分は泣きじゃくりながら、「お母さん、お願いだから帰ってきて帰ってきて」とすがりついた。母は黙って自分の背中を抱きしめた。この温もりだ。この温かさが自わを呼び寄せたのだと思った。そうして、親子４人の生活がまた始まった。

しかし、父はまったく懲りることなく、放蕩癖は続いた。働かず遊び回る生活をやめない。あのまま自分と妹を引き取って実家に戻り、離婚して再婚してくれれば、母にはもっと幸せな人生が待っていたんじゃないだろうか。今でもそう思う。

母は住んでいたアパートの管理人を任されていたので、大家さんとはかなり話が通じていた。空き部屋が出ると、自分と妹はそちらに移った。中学に進む時期に、もう一部屋が空くと姉妹別々の部屋になった。松本家だけで4部屋のアパートの3部屋を独占していたわけだ。アパートの主だよな（笑）。

部屋を別々にしたことには、大きな理由があった。その時期、父親が家にいつくようになったのだ。父は開き直ったように、「心臓の病気を患ってしまった。40歳までしか生きられないそうだ。働いちゃいけないと医者に厳命されたから」と言う。しかも、大げさにかなり特大の治療用機械を背負って家に戻ってきた。

これじゃあ追い返すわけにもいかない。自分と母と妹は黙って父の言い分を聞いていた。「働いちゃいけないって、全然働いたことないじゃねえか」と自分は舌打ちした。40歳までしか生きられないとか言いながら、87歳で天寿を全うしたのだからあきれるしかない。亡くなってからは、その時期に母と仲良く肩を組んでいるツーショットの写真まで出てきた。夫婦って本当にわからないな（笑）。

中学ではバスケ部に入ったが基礎体力運動が厳しすぎて、すぐ辞めてしまった。水泳部に入り直すと、夏はプールで一日中泳いで真っ黒になっていた。熊谷市には水泳部というか、そもそもプールのある学校が2～3校しかないので、毎年、市の大会を飛び越して県大会まで進めた。平泳ぎでそんなにスピードはなかったけど、水の中ではすべてを忘れて自由になれる。絶望的な生活の中、水泳はある意味、救いだった。

しかし、中学2年生の秋、表現しようのない衝撃が自分を襲う。テレビで観た全日本女子プロレス中継で、当時人気絶頂を誇ったマッハ文朱さんが、試合に負けた後のリングで泣きながら歌っていたのだ。そのきらびやかな世界と、はかないばかりの美しさが、14歳の自分の心を打ち抜いてしまった。まるで、闇夜から地球に落ちてきた光り輝く異星人が、両肩に舞い降りたかのような衝撃だった。

当時、マッハさんは史上最年少の16歳で全日本女子プロレスの最高峰だったWWWA世界シングル王者になった。いわゆる、全女の象徴である「赤いベルト」だ。華やかだったけれど、決して絶対的な強さを誇っていたわけでもない。どちらかといえば、耐えて耐えて耐え抜いて何とか勝つ、あるいは惜敗するという、観る側が感情移入しやすいタイプの選手だった。引退も早かったし、全盛期は2年ぐらいだったんじゃないかな。

試合では一方的に負けたのに、リング上に残って泣きながら、「花を咲かそう　心に花を　前に向かって歩くのよ」（デビュー曲『花を咲かそう』）って歌う姿に心を打たれた。歌詞に自分の境遇を重ねていたのかもしれない。自分は女子プロに夢中になった。熊谷近辺で試合があれば会場に足を運び、スタートしたばかりの土曜夕方のテレビ中継を食い入るように観るようになった。

自分は女子プロレスラーになるしかない。決心はもはや動かなくなっていた。母も父も妹も学校も関係ない。幼いころに父に憎悪の念をたぎらせて女子プロレスラーを目指していたはずの自分は、「美しさ」に胸を撃ち抜かれて将来の道を決めていた。

道標すらなかった自分の人生に一筋の光明が差し込んできた。

32

ビュテーペア♥ジャッキー
ビュティーペア♥マキ

《第3章》――夢の『スター誕生!』応募

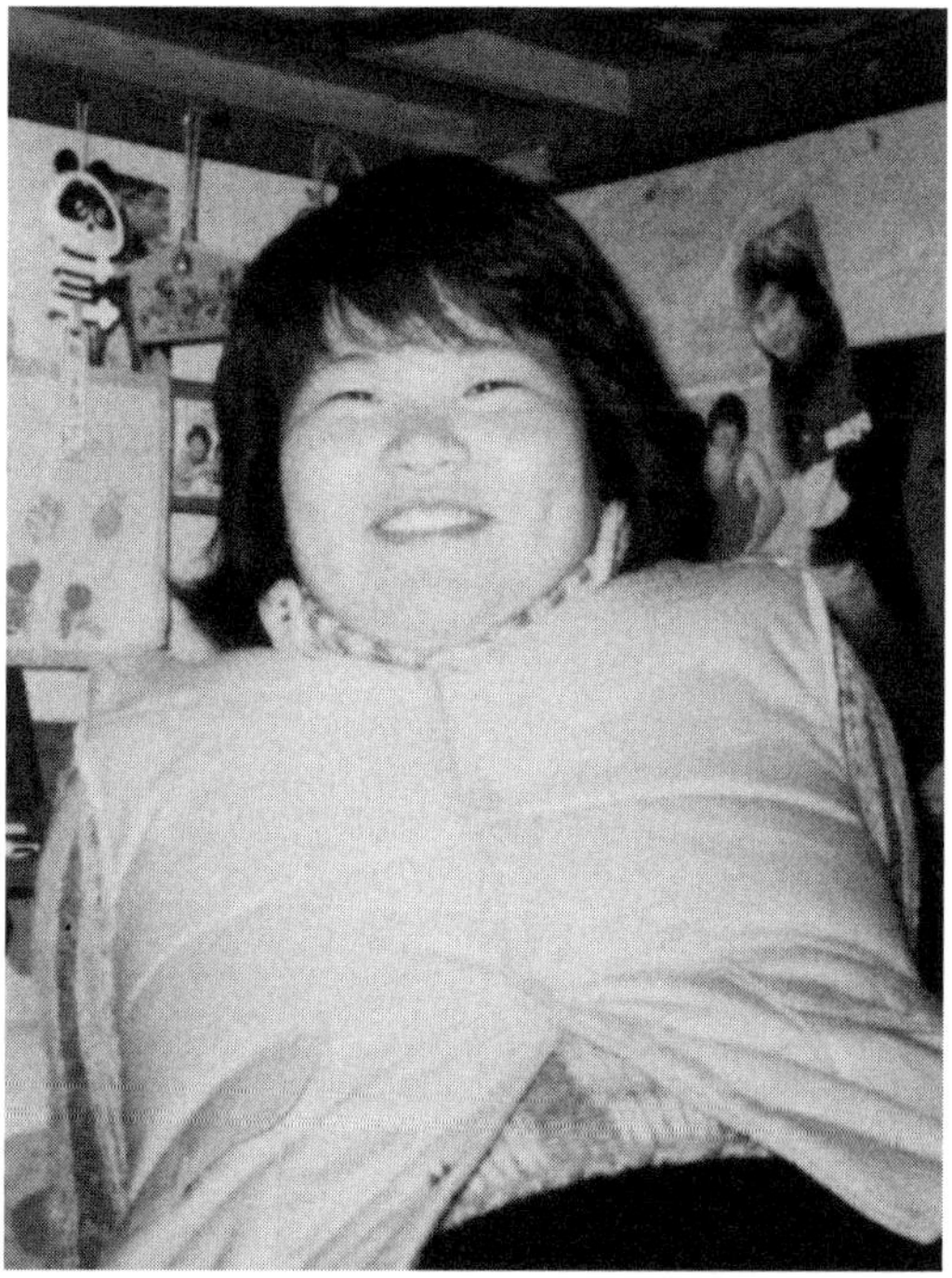

中3になり進路を考えなければならなくなった夏、もう頭の中は全日本女子プロレス入門しかなかった。担当の先生に言ったところで、頭から否定されるだけだ。自分は心の中だけで女子プロレス入りを固く決めていた。まあ、学校や母の反対もあることも予測しつつ、受験勉強だけはしておいた。そのへんはしっかりしていた。頭の中はマッハ文朱さん一色だったけれど。

ちょっと話はそれるが、父には一度も手を上げられたことがないと第1章で話した。しかし、一度だけ大声で怒鳴られたことがある。それがこの時期だった。同じアパートながら、自分と妹はもう父母とは別の部屋をもらっていた。ある日、自分は父に対し、「ねえ、部屋にもテレビ買ってよ。見たいチャンネルが違うことが多いしさあ。でも、お父さんに言ったって無理かあ。お金ないもんね。無理だよね」と悪態をついたのだ。

その瞬間、父は顔を真っ赤にして、「テレビぐらい俺が買ってやる!」と怒鳴った。

自分はちょっと気迫に押されて黙ってしまった。すると数日後、自分の部屋にちゃんとした24型のカラーテレビが運ばれていた。父なりの意地というか、親としての権威を見せたかったのだろう。その気持ちを考えれば、少し言い方が悪かったのかなと今でも思っている。

話をプロレスに戻そう。全日本女子プロレスのオーディションは年1回、4月にしか開催されていなかった。夏、事務所に電話して問い合わせてみると、「もう終わりましたから、来年来てください」とそっけなく言われた。それだと、高校に入学しなくちゃならない。来年まで待てるはずがない。諦めきれない自分は、いろいろ作戦を立てた。オーディションを受けずに女子プロレスに入る手段を、考えに考え始めた。

真っ先に思いついたのが、当時全国的な人気を誇っていた超人気番組『スター誕生!』だ。マッハさんがプロレス入りする前に『スター誕生!』の決勝大会まで進んでいたことは、雑誌で読んで知っていた。結局、マッハさんはその2年後に履歴書を全日本女子プロレスの事務所に送り、女子プロレスラーになっていた。その決勝大会では山口百恵さんが実に20社からスカウトされたというニュースにも、いたく刺激された。とにかく、オーディションで誰かの目に留まれば、女子プロレス界への扉が開けると信じていた。

でも、自分が『スター誕生！』応募だぜ？　今、思えば、図々しいにもほどがある。だけど、1枚のハガキが書類選考に通っちゃった。女子の友人3人に「受かっちゃったよ！」と喜んだら、「どうせ、ハガキだけだから全員呼ばれたんじゃないの？」「たぶん、最初は全員呼ぶんだよ」などと冷静な言葉を吐くのみで、誰も驚きはしない。やや浮かれていた自分も「そりゃそうだよなあ」と思えてきた。15歳にしては覚めきった少女が、そこにいた。

あれは秋だったか、2次試験が行われた有楽町よみうりホールのオーディションルームは、300人以上の歌手志望の若い子たちの熱気に包まれていた。「まあ記念だよね」などと言いながら、自分は熊谷から友人3人を連れて参加した。ほとんど遠足気分だった。普通の体育館を狭くした程度の何の装置もない大きな部屋だ。それでも、「まあ、少しだけ可愛い子がいるなあ」と自分は動じることはなかった。

審査は名前と出身地を言った後、最初から申し込んであった歌を、アコーディオン伴奏に合わせてワンコーラス歌うだけの簡単なものだった。そうでもしなければ、100人単位の応募者なんてさばききれなかったのだろう。自分は当時流行っていたずうとるびの『みかん色の恋』を歌った。

ところが、思いがけないハプニングが起きる。どうも、アコーディオンだと音程が外れてしまうのだ。歌い出しを間違えて、「あっ、すいません。もう1回お願いします!」。2回目。「♪すーきなんだ。すーき……。あれっ? すいません。もう1回お願いします!」。3回目。「♪すーき……。うーん、ホントにすいません。もう1回……」。さすがに、アコーディオン奏者の人があきれて「すいません。もういいですか?」

って打ち切りになってしまった。

そりゃそうだよな（笑）。他の応募者の女の子は呆然として見てるだけだった。「誰、この図々しい子?」とでも思っていたんじゃないかな。結果? 落ちたに決まってるだろ。3人の友人と笑いながら、「やっぱりダメだったね」「でも3回もやり直したなんて凄いね」とエレベーターを待っていた。すると、少し着飾った可愛い子たちのグループが来て、「あっ何回も何回も間違えた人だ!」と言いながらケラケラ笑ってた。こっちも笑い返した。さすがに、目立ったんだろうな。度胸が据わっていたといえば、そうなのかもしれない。

『スター誕生!』戦は失敗に終わった。自分はオーディション会場を出た時には、もう次の作戦のことで頭がいっぱいになっていた。プロレス入りしてからもそうなんだけど、こういう気持ちの切り替わりの速さはある意味、才能かもしれない。でも、ダメだったことを引きずってたら、いつまでも前に進めない。自分は「じゃあ、今度はどうすれば女子プロレスに近づけるか」と考え始め、有楽町の駅に到着するころには『スター誕生！』のことなどすっかり頭から消えていた。
　マッハさんは自分が中3の冬に引退して、ビューティ・ペア（ジャッキー佐藤さん、マキ上田さん）の時代へと動いていた。自分はジャッキーさんに夢中になり、女子プロレスラーになりたいという気持ちは夢から現実のものへと向かい始めていた。

　しかし、作戦は次々に失敗する。時期はちょっと後になるのだけれど、1978年冬にはフジテレビが主催した女子野球チーム「ニューヤンキース」が爆発的な人気を誇っていた。全日本女子プロレスとソフトボールで対戦するバラエティー番組も放送されて、女子の間では野球選手を目指す子も急に増加し始めていた。人気マンガアニメ『野球狂の詩』に登場した「日本プロ野球初の女性投手」水原勇気（映画版は木之内みどりさん主演）の存在が大きかった。ピンク・レディーの大ヒット曲『サウスポー』の影響も大きかった。

自分は野球がプロレスへのショートカットになると考えた。中学校では水泳部だったけど、ソフトボールは得意で学年大会があるとショートを守っていた。アーチェリーに魅かれたからだ。

こちらのオーディションも、実に2000人以上もの応募があったと聞いた。1次選考はどこかの公園に数百人集められて、自己紹介とキャッチボールのみの簡単なものだった。自分は1次選考なら何とかなると思っていたのだが、運が悪かった。キャッチボールの相手が野球やソフトの経験がない、運動神経のかけらもない子だったのだ。

こっちはきちんと捕球する位置に投げているのに、全然ボールを捕れないんだ。というか、ボールに触ることすらできず、「きゃあ!」とか叫びながら慌ててボールを拾っては、とんでもない方向に投げてくる。一度もキャッチボールが成立しないんだから。基本練習ぐらいしてこいって話だよね。「参ったな、こりゃ」と思ったら、数分のキャッチボールは終わってしまった。お断りするまでもなく、こっちもアッサリ落選しましたよ（笑）。プロ入りした後に聞いたんだけどライオネス飛鳥はこの時、合格していたらしい。彼女はもともとソフトボールの有望選手だったから、まあ納得したね。自分は相手があまりにヘタクソだったんで落ちたと、今でも思ってる。

違う道から女子プロレスに入ろうと、正当なオーディションを受けても通らない。もはや、手段なんか選んでいられなくなった。こうなったら何でもやってやる——そんな気持ちになっていた。自分はリング上で歌うようなベビーフェースになりたかったのだけれど、自分はもはや悪役としか思えないような、突飛な行動に出る。ラジカセで自分がいかにプロレスラーになりたいかという演説をカセットテープに録音しては、東京・目黒の全日本女子プロレス事務所・松永会長あてに何回となく送ったのだ。

「こんにちは。私は埼玉県熊谷市の松本香という者です。今回はなぜ私が女子プロレスラーになりたいのかを、ご説明したいと思います」「こんにちは、松永会長。前回のテープはお聞きいただけたでしょうか。女子プロレスラー志望の埼玉県熊谷市の松本香です」などなど……。完全に脅迫行為だ。政治犯じゃないんだから。プロ入りした後、会長はこのテープの演説を覚えていてくれたけど、今だったら警察に訴えられているかもしれない（笑）。

あの手この手を尽くして女子プロレスラーになりたかったのは、もちろん華やかな舞台へのあこがれもあった。だけど、本音を言えば、早く実家を出たかったのだ。給料だって同じ年頃のＯＬより何倍もいいと聞いていた。何より、母を少しでも楽にさせたかった。結局は、中学卒業時までに女子プロレスラーになることができなかった自分は、高校へ進学する。そこで思いもよらなかった競技に出会うことになる。五輪競技でもあるアーチェリーだ。

Phoenix

《第4章》——1975年、大宮開成高校アーチェリー部入部

高校は大宮開成高校を選んだ。何が理由で大宮の学校を選んだのか、わかるかな？自分の偏差値内で、東京・目黒の全日本女子プロレス道場に少しでも近い学校に行きたかったからだ。熊谷から大宮までは電車で40分かかった。つまり、40分ぶんだけ道場に近くなれる。物理的にも精神的にも道場の近くにいたかった。もうそこまで自分は女子プロレスのことしか頭になかったわけだ。

「プールが新設されて水泳部ができる」と聞いたことも、この高校を選んだ大きな理由のひとつだった。今は男女共学校になったが、当時は女子校だった。入学後にわかったんだけど、「女子校にプールを造ると変質者がウロウロするかもしれないし、何か犯罪があったら困る」とか、何だかよくわからない理由でプール建設は中止になってしまった。新設されたのは体育館だった。何だよ、そりゃ。本格的に水泳をやろうと思っていた自分は、部活動という問題でいきなり挫折してしまう。

この時期になると母の工場勤務も安定したものの、基本的には何も変わらなかった。

しかも、父はまだ働かないままだった。父にテレビをねだって激怒されたことは、前章で触れた。この時期を最後に、父とは約45年も会話を交わさなくなってしまった。憎悪は消えるはずもなかった。このことは後にまたゆっくり語ろう。

運動神経には自信があった。でも、バレーボールやソフトボールを高校から本格的に始めようと思っても、中学校から続けていた人間にはかなわない。自分の持っている理論のひとつとして、「3年間、真面目にコツコツやっていた人間には、後からついていって練習してもかなわない」というものがあった。まだ10代だったから、「3年」という月日はとても重いものだった。

だったら、全員がほとんどゼロからスタートする競技を選ぼう。そう考えた。やる以上は、レギュラーにならなければ意味がない。3年間、補欠でいるよりは、ゼロから始めて最後の年にでもレギュラーになれる部を考えた。となると、数は限られてくる。選択肢はゴルフ部かアーチェリー部しかなかった。

しかし、いずれも貧乏人とは縁のないお金持ちのスポーツだよな。今、思えば、ゴルフを選んでいれば、女子プロゴルファーになって賞金を稼いで大金持ちになっていたかもしれない（笑）。あるいは、後々の人付き合いにも役立ったのかなとも思う。だってさ、「今度、時間があったらゴルフにでも行こうか？」っていう言葉はごく当たり前になったけど、まかり間違っても、「今度、一緒にアーチェリーに行こうか？」なんてお誘いは絶対にあり得ないからな（笑）。そこは少し後悔している。

「腕の運動だけでいいから水泳よりは楽かな」とかなり単純な理由もあって、アーチェリー部を選んでしまった。ところが、大宮開成高校はアーチェリーの名門校だった。気づくのが遅いってか（笑）。朝練習、放課後の練習、春休みや夏休みは教室に布団を持ち込んでの合宿……内容はかなり厳しかった。道具は学校にあるので自前は矢だけですんだ。それでも、アーチェリーの矢は結構高いし、1回失敗して折れたらもう使えない。そのぶん、母に負担をかけてしまった。申し訳ないと思う。

自分は補欠だったが、1年生と2年生の時にはインターハイまで進んだ。強い高校だったのも当然で、２００４年アテネ五輪の時には、この学校の先生（山本博氏＝当時は大宮開成高校教員、現・日本体育大学教授）が銀メダルを取って、「中年の星」と日本全国で話題になったほどだ。自分は「あれ、こんな先生いたっけ？」と驚いたら、妹が「何言ってるの。お姉ちゃんより年下だよ！」って笑っていた。そりゃ年齢を考えれば、そうだ。

3年生時にはレギュラーでもないのに主将に選ばれ、体育委員にも選ばれた。自分でもビックリした。でも、自分はこの時、後に女子プロレスでも経験する女子特有の感情のもつれを経験することになる。

1年生からレギュラーでインターハイ出場の原動力にもなった、レベルの高い技術を持つ子が同級生にいた。ちょっと無口だったけど、アーチェリーの技術はズバ抜けていた。自分も他の部員も当然、その子が主将になると信じていた。その子自身もそうなるものと信じていたようだった。ところが、2年生の冬、コーチから「次の主将は松本だ」と指名を受けてしまったのだ。

あまり言いたくないが、不良部員だった。毎日練習に出るのはかったるかったので、授業が終わるとそのまま帰って女子プロレスが好きな中学時代の友人3～4人と遊んでいた。アーチェリーは好きだったけど、そんなんでレギュラーになれるわけない。それが、いきなり主将だ。自分は「えーっ?」って声を上げて驚いた。同時に、一番上手だった子は黙ってうつむいてしまった。そして、次の日から練習に来なくなってしまった。つまり、主将になれなかったから、アーチェリーの道を断念してしまったわけだ。

バカだよなあ、と今でも思う。主将なんて別になりたくもなかったし、なれなかったらインターハイを目指せばよかったのに。でも、その子なりのプライドがあったのだろう。今、思えば、補欠の自分が主将に選ばれたのは、1年生から3年生まで分け隔てなく接したし、人の輪にとけこみ、人をとけこませることが上手だったからだと思う。その子はやはり内省的というか求道的なところがあって、自分の競技のことしか頭になかった部分があった。でも、辞める必要なんてなかったと思う。当時は考えもしなかったが、そういう女子特有の感情のもつれは、やがて人生のいろいろな局面で何度も経験していくことになる。

あまり練習に行かないにせよ、一瞬に全神経を集中させるアーチェリーは充実感があり、約10人の部員をまとめるのも、とても楽しかった。すると、3年生の春になるや、「内申書で部活の経験がないと進学の際に不利だから入部させて」と仲のいい同級生が7〜8人頼み込んできた。3年生になってから部活始めても仕方ないだろう。駆け込み寺じゃないんだよとも思ったが、自分は「いいよ、いいよ」と全員引き受けた。コーチも「別にちゃんと練習に来るんならいいよ」とおとがめはなかった。思えば、高校生のころから極悪同盟のまとめ役みたいなことをしていたわけだ（笑）。結果的に、自分が主将の時にはインターハイ出場はできなかったけれど……

大宮開成高校からは多くの先輩が日体大に進まれていたので、「体育の先生になるのもいいかな」と一瞬だけ考えた時期もあった。だけど、肝心の勉強がほとんどダメだった。それより、女子プロレスという最優先させるべき夢があった。

マッハ文朱さんの時代はとうに終わり、1976年からはビューティ・ペアが空前のブームを巻き起こしていた。自分のプロレス熱は一気にドカーンと火を噴く。中学時代の同級生5人とビューティ・ペアの親衛隊をつくると、部活の合間を縫って応援に行った。全員おそろいのオーバーオール、母に縫ってもらったはっぴで熊谷近郊の会場を何回も訪れた。

いずれは入団するんだと心に決めていた自分は、松永会長に顔を覚えてもらおうと、必ず会長が立つ売店の前を通っては、「お疲れ様で～す」とあいさつした。そのうち、会長が「また来たのか！」と笑顔であきれられるほど通った。会長にはすっかり顔を覚えられていた。この時期には電車通学で知り合った男子に告白され「ごめん、私はジャッキー佐藤さんが好きなの！」と断ったこともあった。

観戦費用はあらゆる種類のアルバイトでまかなった。高2の4月は初めてオーディションを受けて落ちたんだけど、今、考えると、底知らずのエネルギーだ。高校卒業後は川口市内のベーカリーに住み込みで就職も決まっていたのだが、79年4月1日、ついに数千人の応募者があったオーディションに合格する。奇跡としか思えなかった。

前年の初オーディションでは、自己紹介を小さい声でモゴモゴと話してしまい失敗し、1次予選で落ちていた。この時には周囲の子も声が小さかったので、「ああ、次からは声を大きく、ハッキリと話そう」と心に決めていた。卒業後の就職を約1週間後に控えた、ギリギリのタイミングで受けた2度目のオーディションで、自分はゆっくり、そして、ハッキリと快活に「埼玉県熊谷市から来た、松本香です」と自己紹介した。3年生時に主将になり、少し度胸も据わっていたのかもしれない。遠くから誰がどう聞いても、わかるような歯切れのいい口調で自己紹介した。基礎体力は他の女の子よりも明らかに劣っていた。太っていたから腹筋や腕立て伏せ、縄跳びなど、基本的なテストも周囲が20回こなす間、自分は5〜6回しかできない。それよりも、ハキハキと元気よく目立つようにと考えたのだ。

その瞬間だ。審査員席に座っていた松永会長が、書類に「○」をする光景がハッキリと目に入ったのだ。別に自分だという確証はないし、違う子に「○」をつけていたのかもしれない。でも、自分はその時、直感的に「合格するかもしれない！」と確信した。ゆっくりと右腕で「○」を描く会長の動作は、今でも忘れない。神様がさえない女の子に、天使の輪を授けてくれる光景にも見えた。

自分より運動能力もルックスも優れていた子が落ちて、その子の母親が「何であの松本って子が受かって、ウチの子が落選なんですか！」って顔を真っ赤にして抗議していたほどだから、よっぽどひどかったのかな（笑）。だけど、良くも悪くも目立ったほうの勝ちだよな。今でもその確信は変わらない。

自分は夢だった女子プロレスへの一歩をようやく踏み出した。だが、道は決して平坦ではなく、デビューまで実に約1年半も要することになる。練習生として、ただひたすら耐えるだけの日々が始まった。

ダンプ松本の母・里子さんが書き続けた日記の一部をここに掲載する。当時の彼女の心情が苛烈に込められている。

お母さんの六十年

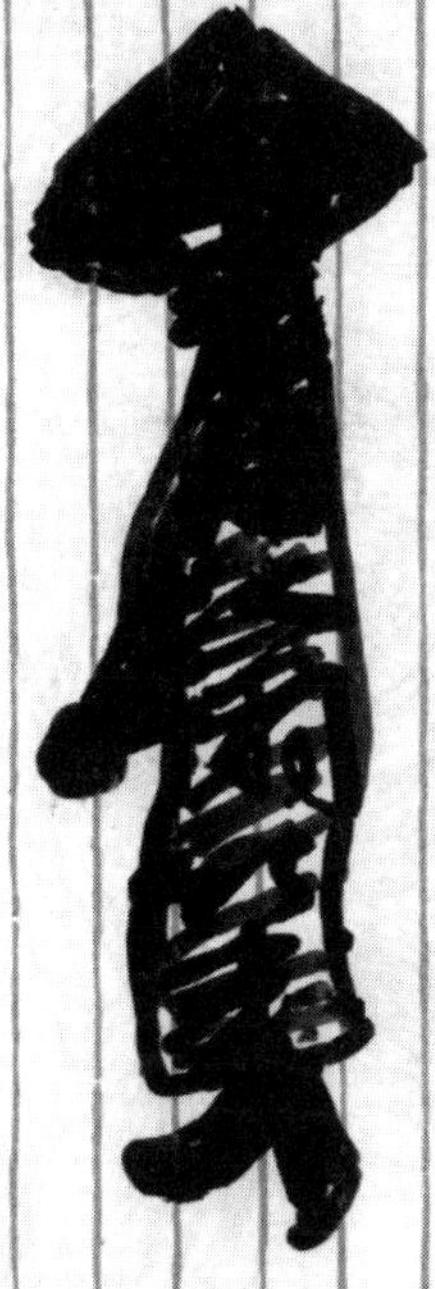

正一〇〇枚

酒を飲まないと猫のようにおとなしい人でした。
酒を飲まないお父さんは好きですけど、酒を
飲んだお父さんは大きらいです。
いい所もあった。私の会社の旅行だけは文句を言わ
ないで行かせてくれました。
俺が連れて行ってやれないから会社の旅行だけ
は行けよ、と言ってくれたので、毎年行ってました。
私は旅行と宴会と仕事が大好きです。
お父さんは、仕事に行ってもすぐやめてしまった、
だからいっになっても、給料が安いので生活が苦る
しかった。それでも酒を飲んで暴れるので苦や
しかった。殺してやろうと思った事が、何度もあ
りました。その変り家を出で姉さんの家に
行って泊めてもらう。朝になって子供の事が心配いで
学校に電話した、香が学校に行ってるがたしかめた

飲む、打つ、買うの三拍子そろっていた。取ったり
使たりしていたのです。
だからいつになっても生活がらくにならなかった。
その頃、香はプロレスの追いかけをしていました。
ジャキー佐藤にあこがれていたのです。
友達と一緒にジャキーさんの家まで行って
写真を取ったりごちそうになったりして来た
事もありました。私は追かけのはんてんを
作って上げた事もありました。
プロレスのテレビはいつも見ていたので好きだった
のは知っていました。家の中のかべは全部ジャキー
さんと中村雅俊さんのポスターでいっぱいで
した。プロレスの本もいっぱい持ていました
私は仕事に追れていたしプロレスもあまり
好きではなかったので子供の事はよくわからなかった

いので、いくら負けても行きたがる。若い時から給料の半分は、ギャンブルに使ってしまいました。

だから、生活が苦しかったのです。

なんで、そんな人と一緒にいたと思うでしょう。

どうゆうわけか、私にもわかりません。

子供が可愛いかったのかもしれません。私が子供の頃より苦しくなかったからだ、とも思います。

これが、なに不自由なく育った人なら、「はいさいなら」で、一ケ月も持たなかったでしょうね。

お父さんは、今は私に感謝しています。

「こんな働きのない男に、今まで付いて来てくれてありがとう。里子と別れていたら、俺なんか今ごろは、のたれ死にだよ」と言っています。

でも、お父さんは死ぬまでパチンコはやめられないと思います。パチンコが大好きです。

私はいつも思っています。

お父さんより早くは死にたくない。お父さんより早いと、香と広美が、かわいそうだしお父さんもかわいそうです。私が先だとお父さんは生活して行けません。食べる物も作れないし買物に行くのもきついです。だからどうしても、お父さんの方が先のほうがいいと思います。

でも、もし私のほうが先だったら、お父さんを大事にしてあげて下さいね。

お父さんは、私より香と広美の事を心配しています。

私は、死ぬ時は、ラムちゃんみたいにぽっくりと死にたいと願っています。

でも私は八十歳まで生るつもりでいますから、心配しないで下さいね。

でも、もしも、お父さんより早かったらお父さんの事はたのみます。
それから、私のいい洋服は捨てないで下さいね。
私の妹にあげて下さいね。
妹は、私と同じぐらいなので着られると思います。
それから、何があってもはる子おばちゃんに相談して下さいね。亨さんと努さんとも仲良くして下さいね
あと人に、笑われないようにして下さいね。
私は、草葉のかげで祈っています、
大村さんと宏喜君と仲良く眠っています
そーして、お父さんの来るのを待っています、
こんな、もしも、もしもの事まで書いてごめんなさいね。
字が下手でまちがっていて読みずらかったと思います。
私が始めて書いた手紙です。
大事に保管しておいて下さいね。
さようなら母より　香と広美様へ
平成五年九月五日

No.

Date

五郎の嘘つき矢郎の裏義り者早く死ね

五郎の嘘つき矢郎の裏義り者早く死ね

五郎の嘘つき矢郎の裏義り者早く死ね

五郎のうそつき矢郎の裏義り者早く死ね

五郎のうそつき矢郎のうら義り者早く死ね

五郎のうそつき矢郎のうら義り者早く死ね

五郎のうそつき矢郎のうら義り者早く死ね

五郎のうそつき矢郎のうら義り者早く死ね

五郎のうそつき矢郎のうらぎり者早く死ね

五郎のうそつき矢郎のうらぎり者早く死ね

五郎のうそつき矢郎のうらぎり者早く死ね

五郎のうそつき矢郎のうらぎり者早く死ね

五郎のうそつき矢郎のうらぎり者早く死ね

五郎のうそつき矢郎のうらぎり者早く死ね

五郎のうそつき矢郎のうらぎり者早く死ね

五郎のうそつき矢郎のうらぎり者早く死ね

五郎のうそつき矢郎のうらぎり者早く死ね

五郎のうそつき矢郎のうらぎり者早く死ね

五郎のうそつき矢郎のうらぎり者早く死ね

No.
Date 平成十年六月2日

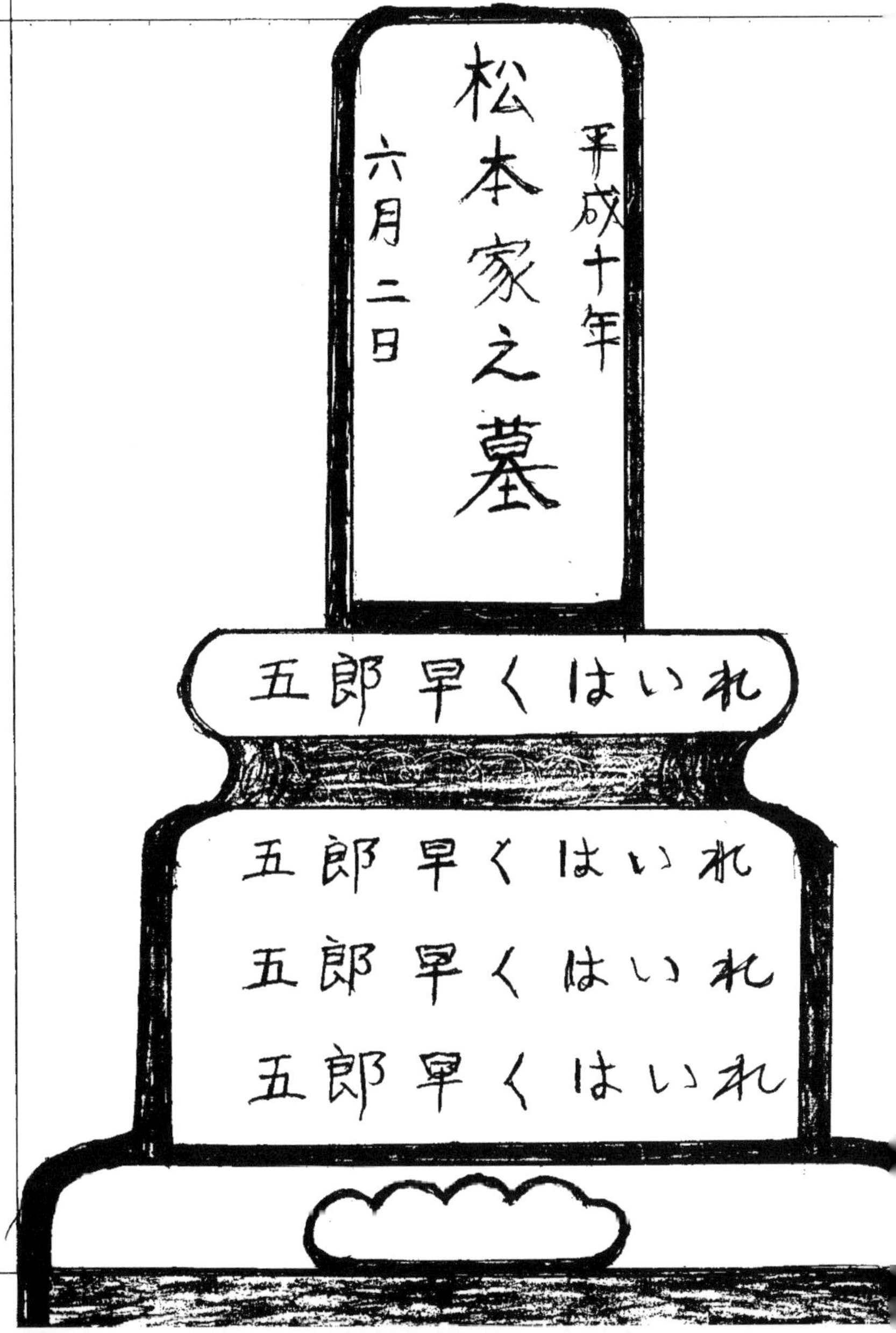

7、25

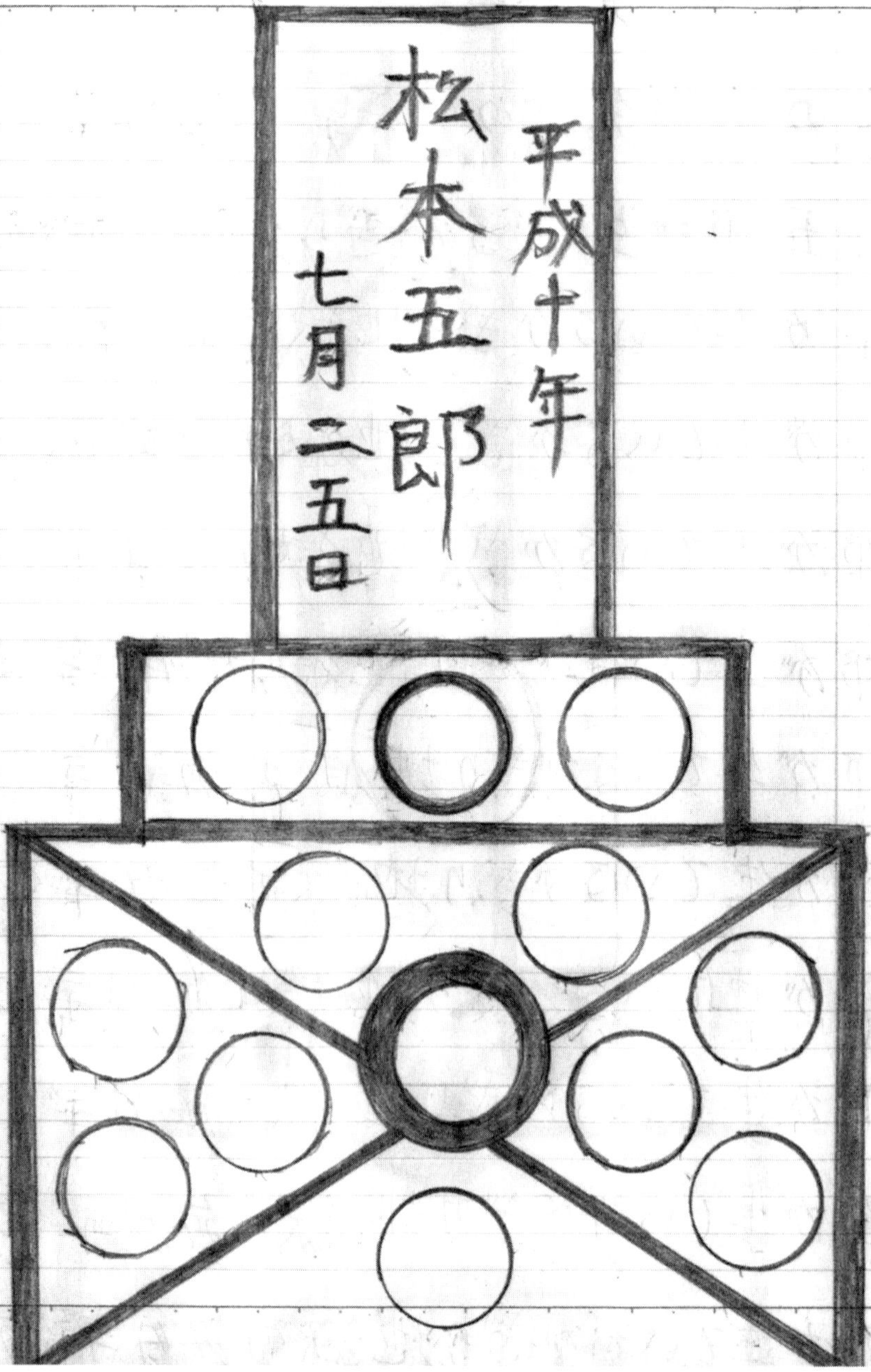

No

Date 7、11

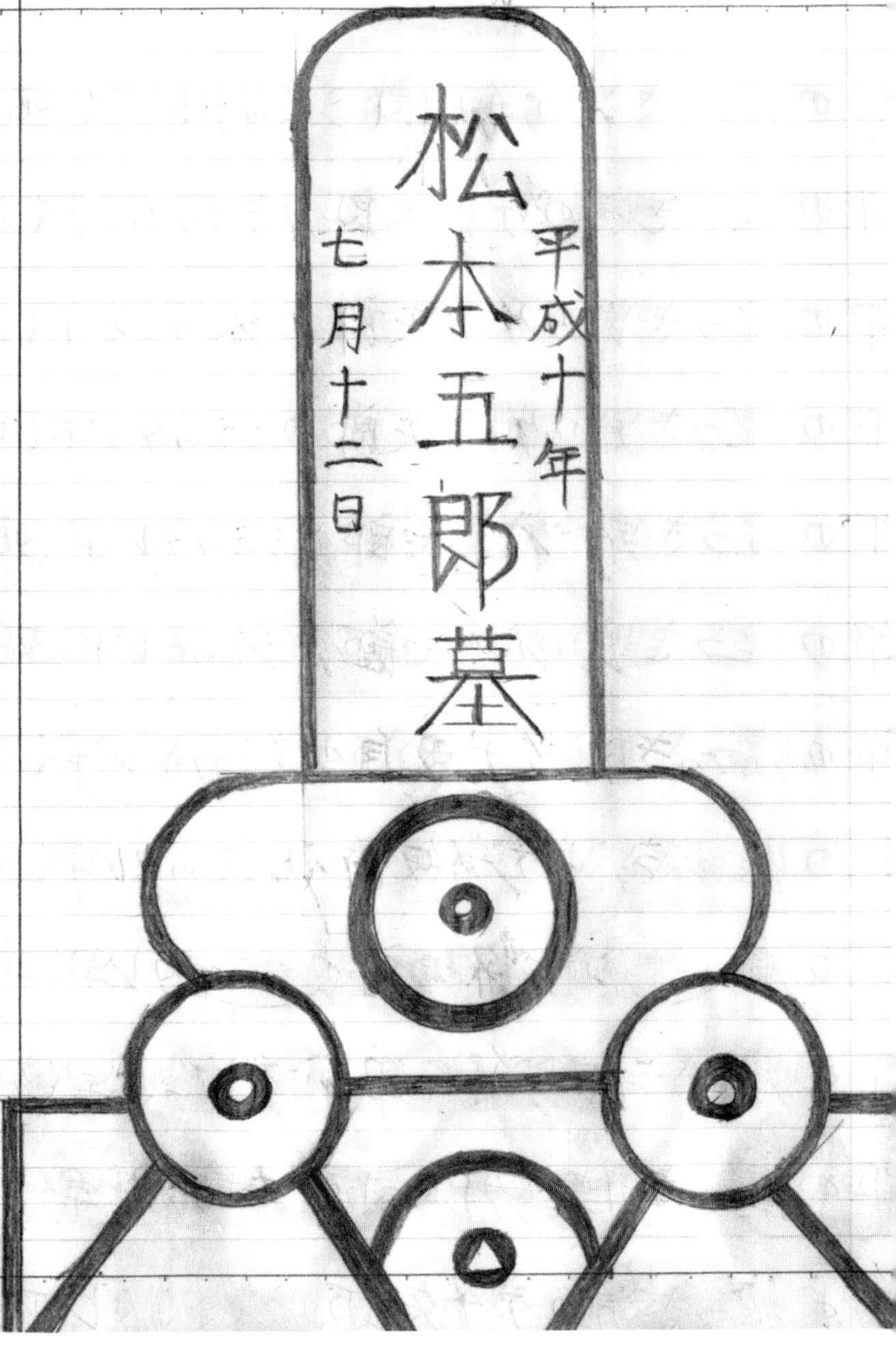

≪第5章≫——1979年、憧れの全日本女子プロレス入門

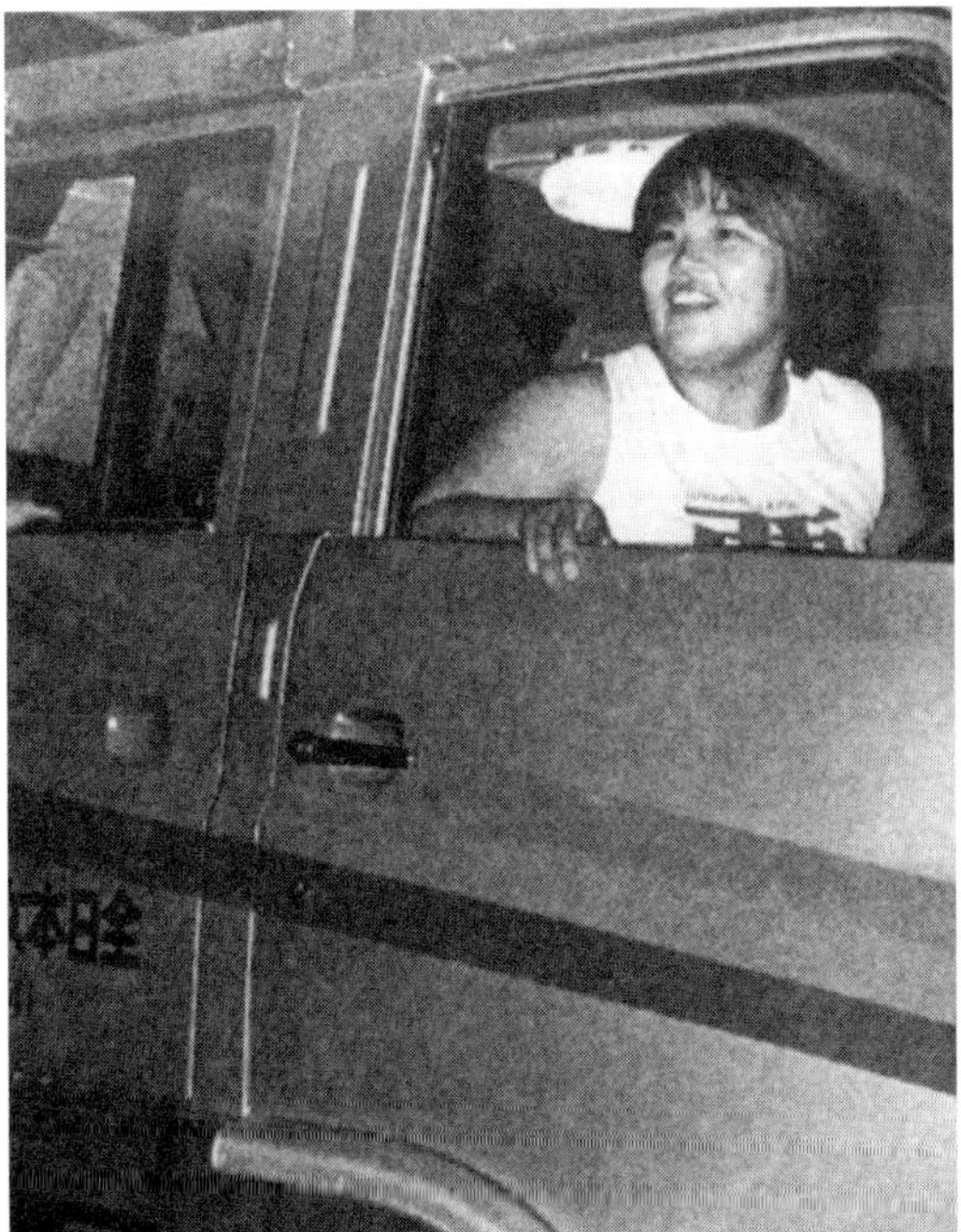

1979年4月、自分は夢だった全日本女子プロレス入門を果たす。

通常なら2000~3000人もの応募者が殺到していた時代だが、後に聞いた話では、自分が合格した年は、実に約6000人の応募者があったらしい。超一流大学に合格する以上の難関を突破したわけだ。この年の2月27日、日本武道館大会で、心酔し続けたビューティ・ペアは解散した。大好きだったジャッキー佐藤さんがマキ上田さんとの「敗者引退マッチ」に勝ったものの、日本全国に女子プロレスの一大ブームを巻き起こした名コンビは解散してしまった。

しかし自分には、悲しみに暮れる余裕などなかった。夢だった入門テストに合格した以上、もはや将来を見続けることだけに必死だった。入門はしても、プロテストに合格しなければ女子プロレスラーとしてデビューできなかったからだ。プロテストには合格していないため、東京・目黒の寮に入ることは認められず、熊谷から目黒の道場まで通うことになった。

しかも、練習生は無給だった。当時の定期券は９８００円だったと思うけれど、まず熊谷から目黒までの定期代を稼がなくてはならない。朝7時に熊谷の自宅を出ると、9時からお昼まで目黒駅前ビルに入っている本屋でアルバイトを始めた。同期のひとりは同じビルのレコード屋でアルバイトをしていた。約3時間程度の仕事を終えてお昼を過ぎると、ふたりで歩いて道場まで通ったことを思い出す。

午後からは練習生の合同トレーニングに参加した。ひたすら走って走って走り抜いたという記憶しかない。目黒の道場を出て、原宿駅近くの明治神宮あたりまで行って戻ってくる。往復で12～13キロはあっただろう。足が遅い自分は、いつもハアハアと息を切らしながら最後尾のグループで走っていた。

この時から１９８０年デビューの同期組では、ライオネス飛鳥はズバ抜けた存在だった。運動能力、身体能力、ルックス……何をとっても一番でカッコよく、まさにエリートだった。だって、自分らが渋谷あたりで息を切らしてハアハア走っていると、もう飛鳥は明治神宮まで行って戻ってくるんだから。飛鳥は「えっ、まだここなの？」って驚いていたけど、往路と復路が会っちゃうって、どれだけ速いんだ（笑）。

まあ、足が遅いなりに自分で作戦を考えた。スタートする前に500円札をポケットに入れて、誰も見ていないと判断すると往路で最後尾組の2～3人でタクシーに乗るわけだ。当時は、470円でツーメーターぐらいは乗れたかな。あまり速すぎるとズルしたことがばれるから、運転手さんに「ゆっくり走ってください！」ってお願いして、それで、何食わぬ顔で復路を走った。そんなカンジだから月1回程度で行われるプロテストも、なかなか合格できなかった。

ヘトヘトになって、夜9時に熊谷に帰るという日々がしばらく続いた。この年はプロテストも受からないまま、熊谷から目黒まで毎日通い続ける生活を送った。本屋のアルバイトは3か月ほどしか続かず、その後はいろいろな職を転々とした。一番しんどかったのは牛乳配達だ。１か月ほどしか続かなかったのだが、朝４時に起きて、実家周辺で40～50軒の家に運ばなければならない。とても辛い仕事だったけど、月５００円程度にしかならない。朝４時前に目覚まし時計が鳴るのが、とても苦痛だった。

母の偉大さを改めて思い知ったのもこの時期だった。どうしても自分が体調が悪くて動けない朝、母は何も言わずに自転車に40～50本の牛乳を積んで代わりに配達してくれたのだ。自分は高校卒業後に普通免許を取得していたから、配達は原付バイクでできた。しかし、母は左右に振れる重い荷台を支えるように、倒れないようにとゆっくりゆっくり自転車をこいでは、まだ薄暗い早朝の街へと出ていく。その背中を見て自分は、「お母さん、ごめんなさい」と深く頭を下げていた。今でも本当に「ごめんなさい」と思う。

牛乳配達は割に合わないので、その後は売店でソフトクリームを作ったり、レストランの皿洗いをしたり、何でもやった。でも、目黒までの定期を買ったら、ほとんどお小遣いは残らない。だから、実家以外ではいつも空腹状態だった。一応、10代後半の女子だ。今からは想像もつかないだろうけど、恥ずかしがりやの部分もあったのかな。夜8時過ぎにお腹がペコペコになって目黒から上野まで向かい、高崎線に乗り換える時、立ち食いそばのいい香りにつられた。一気に平らげるんだけど足りない。だけど、お代わりするのも恥ずかしいから、一度出てから着ているシャツを裏返しに着て、もう1回入ってもう1杯食べるんだ。そんなもん、すぐわかるに決まっている。同期の子に話すと「そんなのバレてるよ」とゲラゲラ笑われたっけ。確かにお店の人もギョッとしていたけど、よく考えれば逆に図太かった。

この時期、支えになったのはバイトの合間に読んだ人気マンガ『リングにかけろ』(作・車田正美)だ。貧乏な家の男の子がプロボクサーを目指す姿に、自分を重ねては励みにしていた。そのうち、宇宙やら怪獣が出てくるようになると読むのをやめるんだが、まさか後々、自分がホンモノの〝怪獣〟に化けるとは思いもしなかった（笑）。
でも、少ないアルバイト代から買った単行本を一心不乱に読み続ける時間は、当時の自分にとって救い以外の何物でもなかった。

入門した年の暮れ、営業部への転属を命じられた。普通免許を取っていたので、宣伝カー要員にされたのだ。女子プロレスラーを目指す女の子には、死刑宣告にも聞こえたかもしれない。でも、自分は逆にチャンスだと思っていた。社員になれば選手ともっと近くなれるし、クビにならない限りはデビューの可能性がある。しかも、営業部員としてようやく入寮を認められ、給料も7万円もらった。デビューしてもたった5万円程度の時代だ。念願かなって熊谷の実家を出た自分は、どデカイ音で「いよいよ本日～、いよいよ本日～」とスピーカーを鳴らしながら、宣伝カーで全国を回った。合間には道場へ行き、同期たちと練習も続けた。営業で一生を終えるつもりはなかった。

とはいえ、優秀な営業部員ではなかった。日本全国をひとりで宣伝カーを運転して回るのだけれど、誰も監視がいないから、やっぱり路上駐車しては居眠りとかしちゃう。行った場所と距離数をノートにつけて提出しなきゃいけないから、会社にはバレていたと思うけど（笑）。あまりに日本中行きすぎて、どこで何を食べたのかも覚えていない。関西地方だったと思うけど、どうしても空腹に耐えかねて目前のレストランに入ったら、おすすめに「焼きうどん定食」と書いてあった。関東人の自分は焼きうどんも知らなかったし、それがどうやって定食になるのかも、よくわからない。頼んでみたら目の前の鉄板で、自分で焼かなきゃいけない。焼きうどんの意味がわからなくて野菜と肉だけ炒めて、ご飯を食べた。単なる「野菜炒め定食」だよな（笑）。お店の人は「あら、どうしてうどんを残すんですか？」って驚いていたけど。

　ラブホテルという場所に初めて入ったのも、この時期だ。当時の日当は7000円。これで食事代から諸事の雑費、ホテル代もまかなわなくてはならない。決して多い額ではないし、節約しなきゃいけないから4500円程度のビジネスホテルばかりに泊まっていた。あれは関西だったかな、当時、営業部長だった方がひとりで宣伝カーで回っていて、現地で合流することになった。食事を終えると、「お前、宿はどうしてるの？」って聞かれた。現状を説明すると「ラブホテルは安くていいよ。ひとりでも泊まれるし」と言う。その方の車についていき、いわゆる「のれん」をくぐった。確かに、「1泊3500円」という看板があって、これは安いと思った。「ほら、こうやって部屋を選んでお金を入れれば……。簡単だろ？　じゃあまた明日」と入室の仕方を教えてもらった後、別々の部屋に分かれた。映画やテレビで観るような鏡も回るベッドもない、質素な普通のホテルだったけど、何の感情もなく、サッサとひとりで、そのまま寝た。

　後日、合宿所に戻って同期たちにこの話をすると、キャーキャーと嬌声を上げられた。全員、年頃の娘だったから。「大丈夫だったの？」とか「女に見られなかったんじゃないの？」とか言いたい放題言われたけど、こっちだって営業部長を男性として見てなかったのが実情だよ（笑）。女子プロレスラーになるという固い決意しかない当時の自分に、恋愛感情や色恋沙汰なんて必要のない最たるものだった。

警察のお世話になったこともある。東京から広島まで10時間以上かけてたどり着いたら、真夜中に山道でパンクしてしまったのだ。困り果てて公衆電話で警察を呼んだ。「全日本女子プロレス」と赤い文字が派手に書かれた宣伝カーを見ると警官は「警察の寮に泊まりなさい」とパトカーで送ってくれたのだ。まだ19歳の未成年だったし、会社の知名度もあったからな。クラッシュギャルズと抗争をしている時代だったら、パトカーでひかれていたかもしれない（笑）。結局、警察から身元確認の電話が入り、車修理の費用が振り込まれた。警察の人は修理所まで牽引してくれて、最後は手を振って見送ってくれた。いい時代だったと思う。

そして、入門から1年後の4月、自分はようやく4度目でプロテストに合格。それでも「ダンプ松本誕生」までは、まだ4年の年月を要することになる。

《第6章》——1980年、悲願のプロレスデビュー

1980年デビュー組の同期は長与千種、ライオネス飛鳥、大森ゆかり、クレーン・ユウなど、そうそうたるメンバーだった……と言いたいところだが、自分は完全な落ちこぼれだった。デビュー当時は、いわゆる「これ」という個性がなかったのだ。先輩たちから何度、「もう辞めてしまえ！」と吐き捨てられたかわからない。だけど、そのふたりが後に日本中を大熱狂させる抗争を展開するんだから、人生はわからない。

同年5月、いち早く同期から飛鳥がデビューした。前章でも触れたが、彼女は何をやってもソツなくこなす卓越的なセンスがあった。自分が最初に仲良くなったのは飛鳥で、長距離走でも彼女がいつも一番だった。太っていた自分は大汗かきながら飛鳥に「ホント、足速いよねえ」と何度も声をかけたのを覚えている。

大森は同期で一番出世が早かった。デビューした翌年の1981年11月には、当時トップだったミミ萩原さんと組んでWWWAタッグチャンピオンになった。体格も良くパワーもあったし、団体の期待も大きかったんじゃないかな。北海道出身だけにとても芯が強いところがあって、顔では笑っていても内心では絶対に譲れない部分を持っている、とても気持ちが強い人間だった。

出世が早かった飛鳥と大森の試合で、どうしても忘れられない一戦がある。１９８０年の新人王決定戦だ。実は、飛鳥のファンの子が、数日前に電車事故で亡くなっていたのだ。同期や先輩たちなど選手のほとんどは知っていたが、なぜか飛鳥本人だけには知らされていなかった。大事な決定戦の前だったから、会社は本人には知らせないことにした。でも、飛鳥の顔を見ると涙が出ちゃうんだよね。だから試合前は、誰もが顔を合わせないようにしていた。

試合は30分1本勝負だったが、膠着状態が続いてあまり動きのない試合だった。そのうち、飛鳥が関節技か何かを決めたのかな。そうしたら、レフェリーが突然、試合を止めちゃった。大森は当然、「私はギブアップしていない！」と激怒した。思えば、会社も飛鳥のファンの事故を知っていて、花を持たせようとしたと思う。負けた大森は納得がいかなくて、トイレの中でワンワン泣いていた。大森はそれから、「闘志を内に秘める」タイプになった。後日、「私は外面《そとづら》がいいからね～」と笑っていたけど、この試合が契機になったんじゃないかと今でも考えている。

同じようなエピソードでは、その数年後に今は米国で幸せに暮らしている1981年デビューの山崎五紀のお父さんが亡くなり、わずか1週間も経たないうちにお母さんが亡くなるという痛ましいことが起きた。会社側は試合を控えているから、終わるまでは本人には黙っていようと決めたらしい。でも、自分たちは知っているから、本人の顔を見るともう涙が止まらないわけだ。だから、試合前は誰もがうつむいて目を合わせないようにしていた。セコンドについている子たちはみんな目が真っ赤だ。結局、試合後に本人に伝えられ、お葬式には間に合った。プロとはいえ、辛い世界だなと痛感した。あの時の山崎は本当に偉かったと思う。

全日本女子プロレスの人気はとどまるところを知らず、この年の7月からはA班、

B班の2チームで別々に地方を巡業するシステムが採用されるようになった。物理的に選手は倍必要になってくる。このシステムで落ちこぼれの自分と千種は救われることになる。何度も落ちていたプロテストにはこの年に合格していた。20キロのダンベルを20回連続で数セット難なく持ち上げることができたため、デビューにゴーサインが出たのだ。

1980年8月8日、東京・田園コロシアムで自分はようやく女子プロレスラーとしてデビューを果たす。千種もこの日にデビューした。試合内容はほとんど覚えていない。飛び上がるような歓喜はなく、「これでやっと選手になれた」「これで大好きなジャッキーさんのそばにいられる」という思いだけだった。とにかく、「プロレスラー・松本香」としての人生が始まった。

デビューはしたもののアンコ型ということもあってか、会社側の方向性はなかなか定まらなかった。自分はファン時代からヒールになりたかった。この時期にはヒールになりたいという確信は確固たるものになっていた。しかし、女子プロレス界という競争世界において最も必要とされる、人を追い抜いてまで上に行こうというギラついた野心を持つタイプでもなかった。体型的にもむずかしいのはわかっていた。女子プロレスラーとしての個性を確立するなどまだ夢の夢で、やがて2チーム制は1年ほどで廃止されてしまう。試合に出場できる選手の数も抑えられるようになり、自分も千種も試合が組まれない日々が続いた。救いだったのは同期が5人、寮で暮らしていたことだ。

当時はいわゆる女子プロレスの大原則である、三禁制度（酒・タバコ・男）が存在した。しかし、試合すら組まれない駆け出しの自分にとって、三禁など別次元の話だった。お金がないから食事も粗末そのもの。肉なんて月に1回程度だった。そこに地獄のような練習。耐えられたのも同期がいたからこそだ。

先輩の陰湿ないじめに遭っても、巡業組が戻ってくるとペチャクチャ悪口を言うことでストレスを発散した。それで、練習が終わると、誰にもわからないように事務所の窓のカギをこっそり開けておくんだ。深夜になると誰もいない真っ暗な事務所に忍び込んで、それぞれが親元に電話をかけていた。妙な光景だった。自分は熊谷だけど、千種の実家は長崎、大森ゆかりなんか札幌だよ。一体、いくら電話代かかったんだろう。会社側もおかしいと思っていたんじゃないかな（笑）。

女子プロレスは団体競技のような要素がかなり色濃い。現在の女子プロレス団体は、プロになっても同期はひとりかふたりしかいないのが実情だった。それはすぐ辛くなって辞めてしまうよね。自分たちの時代は、10代後半の女の子が5～6人で集団生活をしながら、上下関係や社会人としての礼儀作法を覚えながら少しずつ大人になっていった。その点で今の子たちはかわいそうだなと思う。

次の章では女子プロレス特有の「いじめ」について話そう。

《第7章》——過酷な先輩たちのいじめ

デビューから約2年間、同期でも落ちこぼれの部類だった自分は、先輩からいじめの標的にされ続けた。2年目からは巡業に帯同するようになっていた。今では信じがたいけれど、当時は年間300試合。ほとんど毎日が試合だ。地方を回って東京に戻ってくるのは、2か月に1回ということもザラだった。日本全国を旅するといっても、移動中はバスのカーテンは閉じられており、地方の景色を楽しむ余裕すらない。観光なんてできるはずもない。自分たちが今、日本のどの辺にいるのかすら実感できなかった。女盛りの先輩たちにしてみれば、ストレスを発散できるいいはけ口だったのだろう。

自分は太っていたから、いじめやすかったのかもしれない。当時の宿泊先は日本旅館が主だった。食事も寝るのも、もちろん大広間だ。試合が終わっても遊ぶ施設はもちろん、時間もない。ある日、自分は旅館の玄関先に飾ってあった、大きな亀のこうらを先輩に背負わされた。暇つぶしのつもりだったのだろう。先輩は吐き捨てるように言った。「お前はのろまだから亀だ」。そうして、自分を玄関先の地面をはわせるのだ。先輩は笑いながら、パンをちぎっては地面に投げ捨てる。自分は黙って口だけで地面に落ちたパンを食べるしかなかった。どんな組織でも今やったら大問題になるだろう。

先輩たちのいじめは続いた。移動バスの中には洗濯物を干す大きなハンガーがあって、選手のコスチュームや下着が常時、干されていた。試合を終えると、付き人が手洗いで洗濯をして干したものだ。まだ、コインランドリーは少ない時代だった。ある日、自分を集中的にいじめていた先輩が、移動中に思いついたように切り出した。「お前は太っているからハンガーに干してやる」。そうして、自分のTシャツの両肩を洗濯ばさみではさんだ。逃げることも許されない。猛スピードで次の土地へ急ぐバスの車内で、約2時間もユラユラとバスタオルのように揺れているしかなかった。とても辛かった。情けなくて涙すら出なかった。

ゲーム用のお札を渡され、給油に立ち寄ったガソリンスタンドで、「まんじゅうを買って来い！」と言われたことは何度もある。これは伝統的ないじめの手段らしい。30年以上も前のガソリンスタンドだ。現在のようにコンビニエンスストアのような売店の機能なんて備わっているわけもなかった。

「そんなもん売ってるわけないだろう！　大体何だ、このお札は。おもちゃじゃないか！」とガソリンスタンドの店員に怒鳴られてうなだれて戻ると、もうバスは発車している。いじめを働いた先輩に無理強いされて、運転手さんも出発せざるを得なかったのだろう。自分はゆっくりゆっくりと真っ暗な夜道を走る。田舎の道だ。街灯なんかない。ただ、月の光だけが周囲を薄く照らしていた。1キロほど追いかけると、バスが停まって待っていてくれた。たった1キロほどとはいえ、自分には果てしなく続く無限の荒野の道のように感じられた。

同じようないじめに遭っていた同期が旅先からひとり、ふたりと消えていった。旅館で目が覚めると、もう荷物をまとめて姿を消していた。そんなことは日常茶飯事だったので、誰も話題にするわけでもない。リングを下りても、弱肉強食の世界だった。

長与千種もまたいじめに耐えていた。彼女は肩幅が広い。目をつけた先輩は難癖をつける。「お前、新人のくせに何、肩で風切って歩いてんだ!」。自然と彼女は肩幅の広さを隠すように、猫背になっていた。今ではあんなに明るい千種が、だ。千種も複雑な家庭環境に育ったので、いじめの対象を見つける嗅覚の鋭い先輩にしてみれば、格好の標的だったのかもしれない。自然と彼女からは笑顔が消えていった。

当時、トップだったある先輩の財布が宿泊先から消えてしまう事件が起きた。夕食の際、旅館の大広間に全員が並んだのを見計らって、マネージャーが「実は財布が盗まれた」と切り出した。誰もが息をのんでマネージャーの次の言葉を待つ。タイミングが悪いことに千種はその時、無邪気に茶碗蒸しをスプーンですくって食べていた。下を向いているのは千種だけだ。偶然以外の何物でもなかった。それだけの理由で彼女が犯人にされてしまった。

かばんやら衣類やら何から何まで、持ち物を全部調べられたんじゃないかな。当時は何年にひとりかは必ず盗癖がある子がいた。今、思えば、犯人は察しがつくんだけど、彼女はよく耐えたと思う。だけど、体にたまたま湿疹ができた時、「お前は病気だから近寄るな」と、先輩に吐き捨てられた時は泣いていた。まあ、泣き虫だったけれど、あんなに心底辛そうな千種の涙は見たことがない。本当にプロレスを辞めようと思ったんじゃないかな。

どんな世界でも、いじめは絶対に許される行為ではない。しかし、自分は「今に見ていろ。必ずトップに立ってやる」という思いだけで耐え続けていた。まあ、結果的には自分がトップに立てば､仕返しなんて忘れちゃうんだけどね。何より､自分は｢早くトップに立ちたい。大金を稼いで早くお母さんを楽にさせてあげたい。おいしいものも食べさせてあげたい」という揺るぎない信念があった。

いじめの種類は選手の数だけいろいろと存在した。新人はどの先輩に対しても、「お疲れ様です！」と頭を下げて姿勢を低くして走るのがルールだったのだけれど、2年経っても3年経っても何の返事もしない先輩もいたと聞く。いわゆる、「シカト」だよね。存在を無視され続けるのも、また苦痛以外の何物でもない。

ある選手は試合のメークをする化粧品を、付き人に右から左まで順番に並ばせていた。順番を間違えようものならカミナリが飛んできて、嫌みを言われてしまう。それどころか、立てていた口紅が倒れただけでタラタラ文句を言うんだ。バカじゃないかと思った。そんなに倒れてんのが嫌なら、接着剤使ってでも机にくっつけとけばいいのにね（笑）。

道場でも、試合前の練習でも、いじめは存在した。練習で先輩が繰り出す顔面へのパンチやキックを怖がると、ロープで両手首をしばられた状態で、顔面をボコボコにされた。自分が顔をはらしていても、先輩は「練習でやりました」のひと言で逃げられる。自分の受け身がヘタだと判断されておとがめはなしだ。道場では「百本投げ」というとても辛い練習があった。10人の先輩が入れ代わり立ち代わり、後輩を10本ずつ投げて受け身を取らせるのだ。背中の皮はベロリとすりむけてしまい、全身を痛みが貫いて、言葉すら出てこなくなる。「昨日はあの子だったから、今日は自分かな…」とおびえるほど嫌なしごきだった。

それでも、言葉にできないようないじめを受けた後、必ず優しい言葉をかけてなぐさめてくれるのは、決まって悪役、つまりヒールの先輩だった。華々しいスポットを浴びて花束を受けるベビーフェースほど、素顔には裏と表があった。「悪役になろう」。自分の決意はさらに強固になった。地獄の日々に光が見えた。

《第8章》――しごきとディスコ初体験

先輩たちのいじめは止まらなかった。むしろ内容は過酷を極め、加速する一方だった。地獄のような日々を過ごしていた自分に、救いの手を差し伸べてくれたのはヒールだった[※1]マミ熊野さんだった。マミさんは当時、[※2]池下ユミさんらと「ブラック軍団」を名乗り、悪の限りを尽くす団体きってのヒールだった。

会場から次の会場へと移動する深夜のバス車内だった。自分は皆が寝静まったころ、タオルで顔を隠しては息を殺して毎日毎日泣いていた。見つかれば意地悪な先輩が「うるせえからバスの中で泣くな！」と怒鳴り散らす。バスが休憩するためにパーキングエリアに寄った際、バスの外で泣けば、「みっともないから外で泣くな！」と怒られる。自分の居場所はどこにもなくなっていた。泣く場所は旅館の布団の中のみだった。

そんな時、枕は土の塊のように硬く、掛け布団は鉄の板のように重くのしかかってくる。涙は止まらないが声は出せない。かみしめる敷布団は、まるで鉛のようだった。そんな思いをして辛い日々を過ごしている少女たちは、今でも多いんじゃないかな。

そう考えると今でも当時を思い出すと同時に、とても胸が痛む。

そんな時だ。いつものように声を押し殺しながらバスの中でむせび泣いている自分に対し、席が前だったマミさんが小さな声で自分を励ましてくれたのだ。

「絶対に辞めちゃダメだよ。3年間、頑張り続ければ、いじめる人間だってもう飽きてくるから。それに新しい後輩だって入ってくるしね。自分を捨てることは簡単だ。それはいつでもできるんだよ。だけど、プロレスだけは絶対に捨てちゃダメだからね」

まだまだ若かった自分は、ひとたびマイナスの感情に襲われると不安や恐怖で感情の整理がつかなくなっていたのだろうか。というか、逃げ場もないまま1日24時間365日ほとんど一緒にいる先輩に、とことん追い詰められれば誰だってそうなるだろう。学校のいじめだって家にさえ帰れば隠れられるからね。自分は、マミさんの声に泣きながらうなずくしかなかった。まだ若造だった自分に、マミさんは小指を出してくれた。要するに、指きりをして「辞めない」と約束しようというわけだ。何の支えもなかった自分にとって、これ以上の救いがあるだろうか。自分は「絶対にプロレスは辞めません」と誓うしかなかった。

マミさんだけでなく、パートナーの池下さんも優しかった。思えば、リング上で観衆の憎悪を一身に浴びるぶん、他人の心の痛みをわかってくれたのだろう。自分は入門前から一貫してヒールを希望していたが、「やっぱりヒールの道に進むしかない」と改めて決意するのは当然の流れだった。

不思議なものだ。自分はヒールになりたかったのだが、会社は往年のスターだったジャンボ宮本[※3]さんのような、大柄なベビーフェース路線を狙わせようと考えたらしい。この時期、後に1980年代最大のベビーフェースとなり、カリスマ的人気を集める長与千種は逆にヒールになりたかったらしい。日本中の若い女子を熱狂させた千種が、だぜ。特に深い考えはなかったと思うけれど、会社は千種にも「ノー」という判断を下したのだから、人生は分からねえな。この時、自分がベビーフェースになり、千種がヒールになっていたらどうなっていたか。あそこまで日本全国を巻き込む熱狂は、絶対に生まれなかったに違いない。

会社の方針についていえば、特に個々の選手の適性を考えていたわけではない。かなりいい加減だった。「何となく、ベビーフェースがいいんじゃねえの？」とかその程度だ。だから自分にしても、千種にしても自分でやりたい道を模索し、自分の力だけで、リング上で結果を残すしかなかったのだ。

巡業から外されるシリーズが何度かあり、数か月も道場で留守番という時が何度かあった。練習は真面目にこなしていたけれど、お金もないし夜は時間を持て余してしまう。ひょんなことから千種と「あまりにヒマだから一度ディスコというところに行ってみようよ！」と意見が一致して、渋谷のディスコに繰り出した。ディスコが大ブームになっていた時期だ。

だけど、結局は埼玉県熊谷市と長崎県大村市から出てきた田舎者の娘2人組だ。単に「1000円で飲み放題食い放題」という文句につられただけで、色気も洒落っ気も何もなかった。よりによって、東京でもとびきりおしゃれな人間が集う渋谷のディスコに、ゴム製のビーチサンダルと、オーバーオールかなんか着ていたんじゃないかな。誰がどう見たって入り口でチェックされて追い返されて当然だ（笑）。さすがに、「サンダルでは入場できません」と入り口のボーイに注意されたので、近くのスーパーで980円のパンプスを買って何とか入場できた。

お金なんて全然持ってないから、残った100円玉をジャラジャラと集めて1000円を払った。「食べ放題」って聞いて胸躍らせて入ったのに、お酒のつまみ程度のおしゃれな食べ物しかない。自分は焼き肉とかおすしとかカツ丼とか牛丼とか並んでいると思っていたのでガッカリした。「これじゃあ、お腹いっぱいにならないね」と千種と言いながら、それでも並んでいる食べ物で空腹を満たした。踊りなんてできるわけがない。お酒だって飲めるはずもない。ひたすらジュースを飲んでは、食べ物をむさぼるように食いまくった。ナンパ？　されるわけないだろ！　バカ！

耳をつんざくようなディスコミュージックから、やがて場内が暗転して静かなバラードが流れ始めた。すると、男女が体を寄せ合って踊る。いわゆる、チークタイムだ。しかし、自分たちにはそのシステムすらわからない。狂騒は一瞬にして静寂に変わり、大人の世界に転じた。

「わー、何だこの世界は？」「あーっ、みんなキスしてる！」「あの女の人、さっきは別の人とキスしていたのに、今度は違う人とキスしているよ」「キスゲームなのかなあ？」。無邪気な食い気しかなかった自分たちは、お皿とフォークを持ったまま、目を丸くしたまま固まってしまった。これまで経験したことがない大人の世界に迷い込んだ子犬のように呆然と立ち尽くし、ムードあふれる場内を見つめるしかなかった。

思えばいじめからの一時的な逃避だったのだろう。今、思い出しても、千種との夢のような「ディスコ初体験」は、数少ない青春の思い出だった。

だがそんな無邪気な時代はやがて終止符が打たれてしまう。1982年冬、私はデビル雅美さん率いる悪役軍団・デビル軍団（1981年夏より「ブラック軍団」から名称変更）の一員となったからだ。ここで千種と自分は完全に別々の道を歩み、お互いが大変貌を遂げてやがて敵として再会することになる。

※1・元WWWAタッグ王者。池下ユミのブラック軍団で活躍。81年引退。
※2・阿蘇しのぶとのブラック・ペアでビューティー・ペアと抗争を展開。後にマミ熊野らとブラック軍団結成。81年引退。
※3・初代WWWAシングル王者。全女創設期のエース。76年引退。

《第9章》——1984年、極悪同盟結成

転機が訪れた。1982年冬、自分はデビル雅美さん率いるデビル軍団の一員となり、ようやくヒールへの道を踏み出す。しかし、まだキャリアも浅く一番若かったので、元気とパワーはあったのだが、完全に悪役には徹しきれず、タッグ戦での自分の立ち位置で戸惑うこともあった。

1983年になると、自分は初めてメーンの6人タッグ戦に抜擢された。ところが、味方のマミ熊野さんと対戦相手のジャガー横田さんが、感情ムキ出しで本気のケンカを始めてしまったのだ。自分はどう対応していいかわからず、コーナーに立ち尽くすしかなかった。「代われ!」という指示を受けて、ようやくリングに入り、相手にドーンとぶつかったんじゃなかったかな。メーンの大チャンスをもらいながら、自分はトップにのし上がるキッカケを逃し、また前座に戻ることになってしまった。

そんなうちに、自分と同じように「お前なんかもう辞めちまえ」と何度も会社に言われながら、独自のスタイルを模索し続けていた長与千種が、ライオネス飛鳥とのクラッシュギャルズで大化けし始めたのだ。1983年5月に、2人はクラッシュギャルズを結成。8月にダイナマイトギャルズ（ジャンボ堀、大森ゆかり）と打撃を中心とした「ケンカ殺法」という、従来の女子プロレスにはなかった独特のスタイルで好勝負を繰り広げると、あっという間に全国的なクラッシュブームに火がついたのだ。

あれは今でも奇跡というか、化学反応が起きたとしか説明しようがない。千種にしてみれば最後の賭けだったと思うけど、やはり彼女の自分をプロデュースする能力は、無意識にせよ卓越していた。だけど、あそこまで爆発的なブームになるなんて、自分でも驚いていたんじゃないかな。

何をどうすれば天地がひっくり返るように、ここまで状況を一変できるのか。飛鳥は入門当時からエリートだったし、2人に対しても別に嫉妬心はなかった。むしろ自分らは「彼女たちも人気が出てよかったね。でもこの先、どうなるのかな」ぐらいにしか見ていなかったと思う。しかし、クラッシュ人気は音速のごとく、ガソリンを含んだ導火線の炎より速く、一気に日本全国中へ広がっていった。

クラッシュのライバルにはダイナマイトギャルズがいたものの、両チームともにベビーフェースだ。クラッシュに対抗できる強力な悪役チーム、徹底してファンから憎悪されるヒールが必要となってきた。そこに自分と同期のクレーン・ユウに会社から指名がかかった。デビル軍団は選手の離脱もあって、解散の危機に陥っていた。一方、クラッシュはリング上で歌を歌い始めるようになっていた。そして、会社の判断が自分の背中を押した。

自分もこれ以上、同じ位置に甘んじているわけにはいかない。そう決意した自分は1984年1月、ダンプ松本に改名する。新しいリングネームは会社側の提案だった。自分はダンプみたいな体型だったので、埼玉県本庄市の会場でお客さんが「ダンプだ、ダンプだ！」と叫んだのを、松永会長が聞き、「よし、ダンプ熊谷に改名しよう」と言ってきた。お客さんが叫んだリングネームは「当たる」というジンクスがあったからだ。「ダンプ熊谷」だと、さすがに建設会社みたいだったので「ダンプ松本にしてください」と申し入れ、快諾された。

3文字のリングネームは成功するというジンクスがあるのも事実だった。何より、コールされた時のインパクトが絶大だった。試合では開始前に名前がコールされる。負ければ1度きり。勝てば試合後に勝者コールを受けるから2度、名前を呼ばれる。お客さんに1日も早く名前を呼ばれるようになるには勝つしかなかった。この時期の自分は勝利に貪欲になっていた。1981年夏からデビルさんはブラック軍団を受け継いで、「デビル軍団」と名乗っていたが、デビルさんがベビーフェースへの転向を決めたことも、自分がのし上がるには絶好のチャンスになった。

クラッシュのライバルになるからには、徹底して日本中のファンから嫌われ、周囲の選手には震え上がられる最高のヒールになろう。童顔の素顔では限界がある。改名初日、自分は会社に無断で金髪に染め上げて会場に入った。怒られるかと思いきや、松永会長は「あっ、やっちまったか！」と絶句したものの、「でも、嫌われるぞ」と言うのみだった。おとがめはなく、「絶対ファンに嫌われるぞ」という言葉に自分は内心、「やった！　成功だ」と確信した。やる以上は、誰からも絶対嫌われるヒールになりたかったからだ。

それまで金髪の日本人女子レスラーなど前例がなく、金髪に染めたのも女子では自分が最初だった。しかも、このシリーズに米国人レスラーの参加はなく、黒髪か茶髪のメキシコ人のみだったから、よけいに目立った。さらには、舞台用の特殊なメークを使って、米国の超人気ロックバンド・ＫＩＳＳをモチーフにした毒々しいメークを施した。今では当たり前になっているけど、これも自分らが日本初だ。コスチュームは当時、暴走族から圧倒的な支持を集めていたクールス・ロカビリー・クラブや、横浜銀蝿をさらに威嚇的にしたものを目指し、革ジャンとチェーンを身にまとった。強烈な毒々しさだった。インパクトは絶大で、先輩たちは当然、嫌な顔をした。いじめは嫉妬に変わってしまったわけだ。自分は「やっちまったもん勝ちだろ」と内心勝ち誇っていた。84年3月、ユウとのコンビ名は「極悪同盟」に決定した。

改名と同時に本名の「松本香」はこの時、一度死んだ。自分は最愛の母に〝遺書〟のような言葉を残した。

《第10章》——激化するクラッシュギャルズとの抗争

ダンプ松本に改名した直後、自分は最愛の母に〝遺書〟のような言葉を残した。これから日本中から憎まれる存在になる。親と妹に迷惑をかけることになる。お母さん、本当にごめんなさい――そんな内容だったと記憶する。そしてクラッシュギャルズとの抗争が過熱するにつれ、その〝遺書〟の内容は現実のものとなっていった。クラッシュへの大歓声と極悪同盟への憎悪が高まるにつれて、自分の試合内容は凶暴さを増していった。

想像していた通り、埼玉・熊谷の実家には「ダンプ出てこい！」という罵声が浴びせられ、何度も石を投げられた。「ダンプが憎い」というファンがマンション自宅へ空き巣に入り、NHKのニュースでも大々的に報じられた。被害は現金75万円と500円玉の貯金箱、洋服や靴、下着、写真……明らかに嫌がらせ行為だ。

この時はファンの女の子が「どうもこのグループらしい」と、クラッシュギャルズファンの容疑者グループを内密に教えてくれた。自分はそのうちのひとりに電話をかけると、「3日以内に目黒警察署に出頭しろ。でないと、お前も家族も親戚も東京じゃ暮らせないようにしてやるからな！」と脅迫した。よほど怖かったのか、3日後に犯人グループは自首した。警察が電話をくれて、「殴りたかったら殴らせますけど、署まで来ますか？」と連絡をくれたのには笑ったよ。現金は全額戻らなかったけどな。

クラッシュの人気は天井知らずになり、会社の稼ぐ単位も数千万円から億単位へと変わっていった。自分の年収も24歳の時には5000万円にもなっていた。自分が極悪の限りを尽くせば、皆のギャラも上がる。そう考えれば、ファイト内容はどんどん過激になっていく。ファンの嫌がらせもさらにエスカレートする一方だった。

84年暮れ、ギャラも大幅にアップしたので、シルバーの『フェアレディZ』の新車をキャッシュで買った。350万円もしたのに道場に乗りつけた初日に、硬貨で「バカ、死ね」と傷をつけられた。さすがに、この時は泣いたね。仕方なくバイクで行くと、タイヤに釘を刺される。自転車で行けば、サドルを盗まれる。最終的にはタクシーになるんだが、乗車拒否は日常茶飯事だった。やっと乗せてくれても、「木刀とかチェーンとか持っていませんよね？」と運転手に泣きを入れられることもあった。練習に来ただけなんだから持ってるわけねえだろう（笑）。

命の危険を感じたことは何度もある。大阪城ホール（85年8月）の髪切りマッチで千種を丸坊主にした時は、試合後に極悪同盟のバスを500〜600人のファンが取り囲んで車体を揺すりながら、「ダンプで出て来い！」と罵声を浴びせてきた。あの時はさすがに「殺される！」と思った。試合後に控え室に戻る時は、ファンを押さえていた警備員に顔面を殴られた。警備員が、だぞ。もう激怒して「テメー、この野郎！」と詰め寄ると、「だってお前が悪いだろう！」と叫んで逃げてしまった。頭にきて会社に告げ、警備員全員を整列させて犯人を捜した。当時、極悪同盟が圧倒的な存在感を誇っていたせいもあるが、それぐらいのワガママも通るようになっていた。

だって、極悪同盟結成以前には「凶器禁止」ってルールもあったんだぜ？　それなのに、自分がたまに面倒くさくて凶器を使わないと、松永会長が「頼むから凶器を使ってくれ。会場の何を壊してもいいから」って頼んでくるんだ。体育館の床に傷をつけたら、板を1枚全部取り換えなくちゃいけないから、数十万円はかかる。イス1脚だって5000円から1万円だ。それを何やってもいいって言うんだから狂っていたとしか言いようがない（笑）。

品川区の飲み屋で酔った男性ファンに割ったビール瓶を胸に突きつけられたのもこの時期だ。自分に対するファンの憎悪は、やがて〝殺意〟にまでエスカレートしていった。クラッシュギャルズとの抗争がピークに達した1985年夏、目黒の道場付近でいわゆる〝ストーカー〟に追い回された。好意を抱いてのものではない。明らかに殺意を抱いた表情で、電信柱の陰などから、若い男が常に自分の様子をうかがっているのだ。

いち早く妙なムードに気がついた極悪同盟のメンバーが、「あの男、凄い形相で毎日ダンプさんを付け回してますよ」と気付いて報告してくれたので、首根っ子をつかんで警察に連行した。やはり、「スキがあれば殺そうと思った」と自白したそうだ。

ファンが自分に憎悪を向けるほど、クラッシュへの怒りは深まった。殺したいほど憎まれた自分はどこへ憎悪を向ければいいのか。千種と飛鳥を憎むしか道はなかった。もう同期生で仲良しの千種と飛鳥じゃない。この時期、自分は本当に殺したいほどふたりが大嫌いだった。心から燃え上がる炎のような殺意を抱いていた。

火に油を注いだのは松永会長だ。毎日毎日、試合前の控え室に来ては、ふたりの悪口や陰口を吹き込むのだ。「千種が事務所に来ては毎日毎日、『ダンプが嫌いだ。もう戦いたくない』と言うんだ。とにかく、お前のことが大嫌いだって。正直、俺も参ったよ」。深刻そうな表情で自分に話し出す。それも全部の準備を整えて、さあこれからゴングが鳴るという直前に、だ。「飛鳥もお前が大嫌いだって。本当は顔も見たくないらしい」。何だ、そりゃ。こっちは仕事と割り切り、命の危険まで感じながら悪に徹しているんだ。同期で仲が良かっただけに、怒りは倍増した。松永会長の密告は、言葉にできないような耐えがたい内容の時もあった。

後で千種や飛鳥と話してわかったのだけど、全部松永会長の作り話だったらしい。つまり、大嘘だったわけだ。クラッシュの控え室に行くと、「ダンプが本当はお前らと戦いたくもないって。毎日事務所に来てはグチをこぼしている」と告げていたという。お互いに試合直前、お互いのひどい陰口を聞かされてリングに上がれば、試合は当然、凄惨なものになる。殺気だったケンカ同然の殺し合いだ。クラッシュと極悪同盟の抗争が放っていた異様な空気には、そんな裏事情もあったんだ。

若い女の子だから、まんまと金勘定の上手な大人の手のひらに乗っかってしまったわけだ。今、思うと、詐欺に遭っていたというか、完全にコントロールされていた。ケータイもない時代だし、控え室も移動も宿もすべて別だ。千種とも飛鳥とも数年間は口をきかない日々が続いた。コミュニケーションを取るのはリング上しかなかった。とはいえ、殺し合いだったけどな（笑）。

ある日、心底頭にきた自分は、リング上でクラッシュを脅そうとホンモノの短刀、いわゆる「ドス」を用意した。気がついたテレビ放送中継局のスタッフに「放送できないし、銃刀法違反で捕まります。お願いですからやめてください」と泣きつかれてやめたんだけど、感情のもつれはそこまでエスカレートしていた。松永会長に「リング上で人を殺したら刑務所に入れられますか？」と聞いたこともある。「うーん、それは入れられるかもしれねえなあ」と言われたから、殺意を抑えた。答えが違っていたら、あの時、本当に2人を刺していたかもしれない。

大の大人が子供のような嘘をついてまで、熱狂的なブームを加速させようとしていた。猛スピードで数億円のお金が動いていたから、仕方がなかったかもしれない。ほんの数年間だが、自分にも手にしたことのないような大金が転がり始めていた。お金に関する全日本女子プロレスの一大狂騒曲は、クライマックスを迎えていた。

《第11章》——疲弊する心、過熱する女子プロレスブーム

女子プロレスブームがピークを迎えた1985年には、テレビ中継が月曜夜、土曜と日曜が隔週で夕方から放送されるようになっていた。月に8回も全女の番組があったわけだ。凄い話だ。年間300試合で日本中どこでも超満員。視聴率は20パーセント以上までハネ上がっていた。

地方を回ると、どんな会場でもグッズの売り上げは1000万円を超えていたらしい。つまり、単純計算で年間30億円。グッズのみで、その金額だから驚くしかない。パーセンテージ制や選手が売店で直接売ったり、ツーショット撮影会なんかが当たり前になった現在じゃ考えられないけど、Tシャツなどのグッズが売れても選手の取り分はゼロ。全日本女子プロレスを経営する松永一家が全部持ってっちゃうわけだ。まあ、極悪同盟のグッズなんてなかったけれど。

それと、給料は試合のギャラのみ。当時はテレビ番組などプロレス以外の仕事も休む間に入っていたけれど、そのギャラが選手に支払われるシステムはまったく確立されていなかった。全部会社に入っちゃうわけだ。だから、本当にパーセンテージをもらってたら、年収1億円は超えてたんじゃないの。クラッシュギャルズなんてもっと稼いでいたはずだ。

一番潤ったのは、全日本女子プロレスを経営する松永一家だ。経営に加わる一家それぞれが豪邸を新築して、1億円のクルーザーを買ったり、埼玉・秩父の山を丸ごと購入したり、移動用のバスを3000万円のベンツの新車に替えたり……。グッズ売り場のお金が段ボールに入りきらず、1万円札を足で踏んづけているのを何度も見たことがある。もうメチャクチャだ。貧しい家庭に育った自分には、お金を踏むなんて狂気の沙汰にしか映らなかった。

それでも、最高時には月給が手取りで580万円あっただろうか。年収は6000万円を超えていたはずだ。その時期は約4年続いた。今、思えば、少しぐらい貯金すればよかったのだが、極悪同盟のメンバーとの飲み食いに全部使ってしまった。トイレに流れちゃったわけだな。引退直後に母親のために一戸建て（埼玉県深谷市）をプレゼントしてあげられたのが唯一の救いだった。

1985年4月に最高のパートナーで同期だったクレーン・ユウがレフェリーに転向する。極悪同盟の最高のパートナーではあったが、自分から「離別」を要求した。ヒールは絶対にファンと写真を撮ったり、サインをしてはいけない。その部分を彼女は徹底できていなかった。人がいいのか、人気が爆発してうれしかったのか、ファンの要望に応じてサインしちゃうんだ。ファンから殺意すら抱かれてヒールに徹していた自分は、そういう部分がとても不満だった。このままでは共倒れになると思ったのだ。

翌年になると、ブル中野が極悪同盟に加入する。これで戦力もかなりアップして、最大時には10人もの大所帯に膨れ上がった。そうなると、若い子たちの食事代も面倒を見なければならない。毎日、焼き肉屋に行ってはニューハーフパブに行ったり……

一晩で30万円とか平気で使っていた。でも、後悔はひとつもない。少し残していれば、家がもう一軒建ったかなとも思うけれど（笑）。

極悪同盟の移動バスには「五箇条の約束」という紙が張られていた。時間厳守、他人の陰口は言わない、ナイショ話はしない。借りたものは必ず返す……。どうだい。読んでる人の中にも、身に覚えのある他人の陰口が好きな人がいるんじゃないのかな？　団体生活を送るうえではごく当たり前のルールだ。たとえば、誰かが誰かの耳元で「昨日何を食べたの？」というささやき程度でも、聞こえない人間には「自分の悪口を言っているのかな……」という疑問や不安を与えてしまう。いじめを経験して落ちこぼれていた人間の集まりだから、チームワークは良かった。

この時期にはいくつかのクーデターが起きている。ベテラン4〜5人を残して、正規軍20人以上の若手選手が結託。「本隊のバスでは移動したくない。極悪同盟のバスで移動したい」と会社に直訴したのだ。本隊のいじめがあまりにもひどくなっていたからだ。皮肉なもんだよな、バスを３０００万円のベンツに買い替えたら、皆乗りたくないって言うんだから。２日間、全員乗せたけどあまりにギューギュー詰めなんで、こっちが音を上げた。「自分が一緒に謝ってあげるから皆戻りな」と説得して、全員で会社に謝罪した。結局、怒られたのはバスに残っていたベテラン勢だった。

同時に、極悪同盟の人気が上がるにつれ、他の選手の嫉妬もエスカレートした。テレビ出演が急増した自分とブルが憎かったのか、「もう出さないでくれ」と直訴した先輩もいた。１９８６年3月にＷＷＦ（現在のＷＷＥ）遠征が決まった時も、ブルをパートナーにしてニューヨークのマジソン・スクエア・ガーデンでクラッシュギャルズと試合をしたんだよ。そしたら、「何でブルを米国に連れて行くのか」と文句を言う先輩まで出てきた。先輩の何人かが結束して、テレビ出演について「ヒールが目立つようになっては、やっていられない。あのふたりをクビにしてくれ」と申し出たこともあった。

ニューヨークでの試合は自分の大きな転機になった。6万人も観衆が入っているから、ちまちま動いていたら、一番後ろのお客さんにまで試合が届かない。だからオーバーアクションというか、大きな動き、遠くから見てもよくわかる動きを心がけた。最初は周囲から「ちょっとおかしいんじゃない?」と言われたけれど、これが当たった。日本に戻ってきても同じ動きを心がけたら、お客さんの反応がドカーンと増えたんだ。まあ、嫌われてはいたけれど、人気というか反応は一気に増した。テレビ向けでもあったのだろう。プロレスラーとしての自分の判断は間違っていなかったと確信している。引退するちょっと前に極悪同盟初のサイン会をデパートの屋上でやったら3000人以上が集まって、会場に入りきれなくて中止になったこともある。それもサインをもらいにくるファンはほとんどいない。「ダンプ死ね!」と罵声を飛ばすために集まってきた(笑)。あそこまで突き詰められると、もう快感だよな。

話を戻そう。先輩たちの嫉妬や抗議が増えた時にかばってくれたのが松永会長だ。「俺はダンプを取る。辞めるならお前らが辞めろ」とハッキリ言ってくれた。そんなふうに会長に言われたら、黙るしかないよな。自分には「お前は好きなように反則を続けていい。俺が守る」とも言ってくれた。松永一家では唯一尊敬できる、商売という点でのプロフェッショナルだった。

しかし、若い時に言葉にし難いいじめを受け、成功すれば今度は嫉妬の嵐という人間関係に疲れきった自分は、全日本女子プロレスという会社が心から嫌いになった。会社を困らせたい。会社を困らせるためには何をすべきか。突然に引退を発表してやろう。そう決意したのは1988年1月のことだった。

《第12章》――1988年、全女引退

1988年1月4日、後楽園ホール大会の試合後、自分は記者たちの前であまりにも突然、「引退します」と発表した。プロレスには未練もあった。レスラー仲間とも別れたくはなかった。だが松永会長以外の会社の人間が、嫌で嫌で仕方がなくなっていたのだ。もうこんな場所には一瞬だっていたくはない。1987年夏から自分は引退を考えていた。とにかく会社を困らせたくて、派手に辞めたかったからだ。

水面下では芸能事務所に移籍する話も進めていたから、さっさと引退したかった。引退を表明した時はさすがに誰もが驚いていた。10日後にはフジテレビの富士山の絵が描かれた大きな広間で、自分ひとりの正式な引退会見が行われた。ちょっとありえないよね。テレビは全局、カメラスタンドだけでも30台は立っていたんじゃないかな。報道陣は100人を超えていた。

同期の大森ゆかりも歩調を合わせて、引退を発表したので、2月25日の川崎市体育館大会でふたりの引退記念大会が行われることになった。実はこの時、ライオネス飛鳥も一緒に引退してトリオで芸能界へ進出する計画もあった。でも、飛鳥が「ゴメンね。私、まだ赤いベルト（WWWA世界シングル王座）を巻いていないから引退できない……」と泣いて謝ってきた。レスラーとしてその気持ちも理解できたから、仕方ないなあと。彼女はこの年の夏にWWWAチャンピオンになったし、結果的には良かったのかなと思う。

引退記念大会は大森とのコンビでクラッシュギャルズと対戦した。他人が主役の舞台でも、長与千種は長与千種だった。とにかく、自分が一番光っていたかったんだろう。おそらく、千種が「ダンプと最後に5分間だけ組みたい」と申し出たと思うんだけど、会社側から「ファンが見たがっているから」とコンビ結成を説得された。結局は自分が試合後にアピールする格好で、5分間のダンプ・長与組対大森・飛鳥組戦が実現した。そりゃあ、超満員の場内はドッカーンと大爆発した。でも、飛鳥は号泣しているし、大森は大流血で場外に倒れてるし、もう大変だった。

引退試合では、今から思い出してもとても不思議な現象が起きた。何のまえぶれもなく、全試合終了後に3本のロープのうち一番上のロープがプツンと切れたんだ。トップロープが切れる光景なんて、プロレスを続けている間に見たことはこれが最初で最後だ。「ああ、これは本当にもう辞めなさいというプロレスの神様からのお告げなんだな」と解釈した。大森と並んでテンカウントゴングを聞いたけど、肩の荷が下りたように笑顔で聞くことができた。

そして3日後の2月28日、地元の埼玉・熊谷市体育館でラストマッチを行う。当時の全日本女子プロレスでは、最後の試合は自分で戦いたい相手を選んでいいというルールがあった。自分は極悪同盟の愛弟子、ブル中野とコンドル斉藤との1対2変則マッチを志願した。ラストマッチを終えると、リング上からクラッシュのファンに「今までチーちゃん（長与千種）と智ちゃん（ライオネス飛鳥）をイジメてすいませんでした。ごめんなさい」と、ガラにもなく泣きながら最初で最後の謝罪までした。本当にごめんなさいとは思っていなかったけどね。ここでいい印象をファンに持ってもらえば、引退した後も仕事が増えるかなという計算があったんだ（笑）。だけど、千種と飛鳥に対する憎悪は引退と同時に消え失せた。もうすべてを許せてしまう自分がそこにいた。

これで思い残すことなく、芸能界に行ける。だが、引退の余韻に浸る間もなく、会社のスタッフが自分にこんな言葉を吐き捨てた。

「お前が芸能界で働くなんて無理に決まってるだろう。3か月で続かなくなるよ」。ふざけんな、この野郎。自分は心の底から腹が立った「わかりました。でも、3年後に芸能界でまだ生きていたら、道場の前でビールかけやってやるからよ！」。そうタンカを切って、自分はプロレス界を飛び出した。

《第13章》——1988年、芸能界進出

1988年冬、自分は全日本女子プロレスを突然に飛び出し、「3か月も続かない」と罵倒されながらも、同年3月から芸能界に進出した。まず、同期の大森ゆかりと「桃色豚隊（ピンクトントン）」というユニットを組んでシングルCDを出した。作詞は天下の秋元康さん。おニャン子クラブやAKB48グループの生みの親だぜ。興奮したね。さぞかし売れただろうって？　売れるわけないだろ、そんな名前で（笑）。

そして、短期間で「桃色豚隊」は解散する。自分のほうからピンでやりたいと事務所に申し出たのだ。掛け合いという点でパートナーに不満があったのも事実だ。極悪同盟でクレーン・ユウに離別を申し出た時と同様に、「共倒れ」するのが嫌だったのだ。お互いのためという気持ちもあったし、やはりピンの芸人でやったほうが気が楽という気持ちもあった。

それでも、仕事はひっきりなしにいただいた。本当に最初の5年間なんて寝る間もなく働いた。バラエティー番組に出たり、舞台に出たり、CMに出演したり……。

1988年8月には『木曜ゴールデンドラマ』(読売テレビ系)の2時間番組で主役をもらった。体重90キロで花嫁修業するお手伝いさんを描いたドラマだったけど、自分は芸能界に入ってまだ半年だ。セリフを覚えることはできたけれども、それを口に出して、抑揚をつけたりとか相手との間の取り方が、とても難しかった。毎日が緊張の連続だった。この時に共演していただいた大女優の初井言榮さんから、とてもありがたい言葉をいただいた。

「あなたは女子プロレスのトップとして頑張ってきたんでしょう。だったら大丈夫。ドキドキしたり台詞が出なくなっても堂々としていなさい。そういう時は周りの人が助けてくれるわよ」

初井さんはそう言ってあのにこやかな顔を自分に見せてくれた。深く深く心に響いた。慣れない世界でざわめき立っていた自分の心がゆっくりと落ち着き、静かな水面に変わっていくかのようだった。今でも初井さんの言葉は重く心の奥深くに残っている。

この時期に大女優の野川由美子さんの舞台にも何度か出させていただいて、演劇の世界の面白さを学んだ。だから野川さんには今でも感謝している。リング同様、限られた空間でお客さんと生の勝負ができるお芝居の仕事は、性質的に合っていたのだろう。ただし、プロレスはリングの四方向に目を向けて注意を払いつつ、観客の目を意識して動く。舞台の観客席は一方向、つまり正面しかない。その部分ではとても難しい面はあったけれど、プロレスにも通じる生の勝負感、それでもまったく内容の異なる舞台の仕事には、言いようのない充実感を覚えていた。

舟木一夫さん、大月みやこさん、中条きよしさん、瀬川瑛子さん、長山洋子さん……何人かの演歌の大御所の舞台にも呼ばれた。それから、お笑いの大御所・由利徹さんの舞台にも声をかけていただいた。場所はほとんどが新宿コマ劇場だったかな。ただし、昼夜公演で約1か月のロングラン、しかも東京と大阪で連続公演というケースも多かったので、お芝居に出させていただくと、稽古と公演で約2か月必要になる。だから、年2回しかお芝居には出られなかった。楽しかったけれど、当時の自分にはそれが精いっぱいだった。

それだけ働いていたから手取りで月給100万円はもらっていた。ところがある日、仲が良かった所属事務所の経理の女性と飲みに行くと、「あなた、損してるわよね〜」と言われた。経理の人が言ってるんだから間違いない。会社に相当抜かれていたのだろう。「倍ぐらいはもらっていいんじゃないの?」とも言われた。会社にお金を抜かれてしまう運命なのかな(笑)。それでも、ひっきりなしに入ってくるお仕事をこなすことは、とても充実感があった。

芸能界に入って1年も経たない時期、自分が退団する際に「3年もたない」と罵声を浴びせた全日本女子プロレスのスタッフから、仕事の依頼があった。聞けば当時売り出し中の「ファイヤージェッツ」(堀田祐美子、西脇充子)のイベントを盛り上げたいという。コイツ、どの面下げてノコノコ自分の前に来られるんだよ？　激怒した私は「3か月もたないって言ったよね？　あんた、言ったよね？」と問い詰めた。すると、「本当に申し訳ありませんでした……」と頭を下げて、再度仕事の依頼を受けた。その瞬間「勝ったぜ！」と思った。

芸能界で3年目を迎えた時は、テレビ番組の企画もあったので、テレビカメラを呼んで目黒の全日本女子プロレスの事務所の前で、「バンザ～イ」とこれ見よがしに自分のマネージャーとビールかけをやってやった。誰も出てこなかったけれど、とりあえず自分は、引退した際の公約は守り、古巣の前で堂々と胸を張った。あれは今、思い出しても気持ちがよかった。

しかし、波乱というものは、いつも突然に訪れてくる。芸能活動は順調に進んでいたが、10年目を迎えた1998年に所属した事務所のマネージャーが借金を抱えたまま蒸発してしまったのだ。未払いのギャラは500万円を超えていただろう。本当に経営者に恵まれない人生だと痛感した。そんな事件もあったので、一度別の事務所に入った後は、自分のマネージメントは妹に任せることにした。

途方に暮れながらも新しい所属事務所が決まった1998年8月、川崎市体育館での全日本女子プロレスのOG戦開催の話が持ち上がった。自分は大森らと発起人になり、約10年ぶりに一夜限りの現役復帰を果たした。この時期からプロレスへの情熱が少しずつ戻り始めていた。人間関係で引退しただけであって、もともとプロレスが嫌いになったわけではなかった。

芸能活動のおかげで生活にはまったく困ってはいなかった。しかし、1997年に全日本女子プロレスが倒産し、2000年に入ると苦しい状況ながらも興行を続けていたことだけは気になっていた。2003年になると、試合はしないけれど、吉本興行が手がける女子プロレス団体にマネージャー役として登場したりもしていた。そして2003年5月、横浜アリーナの35周年記念大会を機に松永会長から「極悪同盟を再結成してくれ。あくまでもコーチ役として巡業に帯同してくれないか」と要請を受ける。嫌な思い出ばかりだったとはいえ、昔世話になった人が頭を下げているんだ。何より、苦労している後輩たちのためになればと考えた。プロレスへの情熱が戻り始めていた自分は快諾し、一度芸能活動を停止してコーチ役としてプロレス界に復帰した。

ところが、だ。これは松永会長の壮大なワナだったのだ。北海道巡業15大会にコーチとして帯同すると、全試合のメーンに名前が入っていたから驚いた。「あっ、またやられた！」と思ったね（笑）。引退から15年、またまた松永一家にダマされる格好で、自分はそのまま本格的に現役復帰を果たす。そうして、年30試合のペースで現在に至っている。

2020年はついにデビュー40周年を迎えた。そして、11月11日には還暦を迎えた。

還暦記念大会のイベントは、新型コロナウイルス感染症拡大の影響で来年に延期になってしまったけれど、これは絶対に開催したい。そして自分は生涯現役を貫こうと心に決めている。長与千種、ライオネス飛鳥、大森ゆかり、クレーン・ユウ、…同期のみんなともう一度、リング上で集まりたい。クラッシュギャルズがリング上で歌う姿をもう一度、リングサイド最前列で観たい――その夢があるからだ。

《第14章》——殺意を抱いていた父の死

若い時期に放蕩の限りを尽くし、大好きな母を泣かせ続けた父を殺したくて女子プロレスラーを目指したことは、最初に話した。物心ついた時から父は憎悪の対象でしかなかった。現在、社会で問題になっている痛ましいＤＶとは違って自分は父から一度も手を上げられたことがない。

ずいぶん前に母に「なぜ、離婚しなかったの？」と聞いたことがある。可愛いけれど性根が据わった母、「別れたって追いかけてくるに決まっているでしょ。だから別れなかったの」と淡々と答えた。父の性分を見抜いたうえでのストーカー防止というわけだ。その考えで最後まで連れ添ったことは凄いのひと言に尽きる。その代わり、若き日の父がトラックを運転して働きに行くと、毎日仏壇に向かって「どうか交通事故で亡くなりますように」と祈っていたらしい。

幼少時も、学生時代も、現役時代も引退してからも、自分は父が憎かった。何度でも言うけれど心の底から憎くて憎くてたまらなかった。最愛の母を泣かせ続けたという事実は、永遠に消えないだろう。一度、引退した後、もう母が60歳を超えた頃だった。母の日記を見せてもらい、腰を抜かしそうになったことがある。ノートの1ページ全部に「五郎死ね」と細かく丁寧な文字でつづられていたのだ。隣りのページには父の墓の絵が丁寧に描いてある。母は絵が上手だ。その墓の姿はとてもリアルなものだった。

当時、父は年金暮らしだったにもかかわらず、再び借金をしてはパチンコと競艇に熱を上げていたらしい。昼間、たった1人で家にポツンと残された母は、やることもないので日記に父への気持ちを書いていたようだ。現在のようにSNSが発達しているわけでもないから、人に見せるわけでもない。母は日記に自分の思いを吐き出し、それを誰にも見せることなく引き出しにしまっておいたのだ。改めて見ると、母の心の強さに心を打たれる。そこにドロドロした怨念めいたものは何も感じないから不思議だ。それでも母は、父が帰ってくると、特に文句を言うわけでもなく夕飯を作る。女性はやっぱり強い。母親というものはたくましい。鬼気迫る話だが、母のそういう性根の据わった部分は自分にも受け継がれたのかもしれない。

6年前までは深谷市の実家に帰っても、父とはひと言も話さなかった日々が続いた。自分と母と妹が食事を始めると、気まずい雰囲気に気づいた父は自分のお皿を持って隣室に行ってしまうのだ。妹は普通に話していたが、自分は絶対にそんな気持ちにはなれなかった。父が病に倒れるまでは。

2019年4月。父が肺炎で入院した。お医者さんからは「持ってあと1週間です」と告げられた。この言葉を聞いた瞬間に、55年間の憎悪は一瞬で消えてしまった。そんなもんだよな、人間なんて。結局は、たった4人しかいない家族だ。父への態度は優しいものへと一変した。

そこから父は、奇跡的な体力で病魔と闘い続けた。容態は持ち直したものの、認知症が少し入るようになっていた。退院すると深谷市内の介護施設に入り、ほぼ毎日、母と妹は病院へ通った。自分は生まれて初めて弱った父にカレーパンを食べさせてあげたりもした。55年ぶりに写真も撮った。父とのツーショットには、信じられないほど無邪気な笑顔を浮かべる自分がいた。父の病状はゆっくりと回復に向かい、夕食時には「きょうはサバだな。んめえな」とも話すようになっていた。

自分はただひたすら心の底から「お父さん、長生きして」と祈り続け、素直に「頑張りなよ」と肩を叩いて励ますようにもなっていた。ダンプ松本ではなく、松本家の長女・香に戻っていたわけだ。とはいえ、「お父さん、誰だかわかる？」「んー、ダンプ松本」というやりとりが最後の会話になったけどな（笑）。女子プロレスで全国的な知名度を得た娘を、内心で誇りに思っていてくれたのだろう。その会話は何だかとても奇妙ではあるものの、介護生活の中でとても心を落ち着かせてくれるものだった。

しかし、87歳の体に病魔は重くのしかかっていた。8月になると病状が悪化して再入院。施設で血便が出たためだった。1度目の入院は熊谷市内の日赤病院で、介護施設を経た後、再入院先は深谷市内の総合病院だった。葬儀後にわかったんだが、遺骨の中から小さな金属が出てきた。入院当時、母は医者から「胃の中に金属がある」と言われたらしいが、そんなものが胃の中に入っていれば血便が出てきて当たり前だよな。今でも介護施設で口に入れられてしまったのではないかという疑念が消えない。火葬が終わると自分は頭が混乱していたから、火葬場の係の方に「これ（金属）どうしますか?」と聞かれたものの、うやむやに終わって自分の手に残すことはできなかった。今、考えれば、そんな大事な点を追求できなかった自分にも、悔いが残っている。

2019年8月7日。父はとても安らかな顔のまま、眠るように天に召された。享年87。大往生だった。

ごく近い親族だけで葬儀をすませ、父の遺骨を拾って骨壷に納めた。だけど自分の胸からはたったひとつの後悔が消えなかった。あれほど殺したいと思っていたはずの父の遺骨を拾い、文字通りこの手で葬ってやったはずなのに、達成感なんてこれっぽっちもなかった。

あの金属の破片は何だったのだろうか。父は自分に、施設での介護ミスの疑いを解決してほしかったんじゃないのだろうか。いや、それは違う。やっぱり、安らかに眠ってくれたから幸せだったんだ――その葛藤は葬儀後から現在に至り、結論は1周忌と初盆を終えた現在でも出ていない。だけど、母と自分と妹、残された家族3人が父の冥福を祈り続けていれば、いいんじゃないかなとも思う。父のぶんも母を大事にして長生きしてもらえばいいんじゃないか。「大往生だったわねえ」と母がつぶやくたび、最近はようやくそう考えられるようになってきた。

斎場から出ると、無機質に空へ伸びた煙突からは、父の遺体を焼いたとおぼしき真っ白な煙が、雲ひとつない真夏の青空へとまっすぐに突き抜けていき、やがて青い空の中へ消えていった。真夏の静寂、身を焦がすような灼熱の太陽とセミの声。自分は父のトラックの助手席に乗せてもらった7歳の夏休みの時のように、ただひたすら無言で青空を見上げ続けていた。

そして、これまでは決して出てこなかった言葉が、胸を深く貫いていた。

お父さん、お父さん。

ごめんね。

《最終章》——２０２０年、女子史上初の還暦現役レスラー

父が2019年8月7日に亡くなり、松本家は母、自分、妹の3人だけとなり、家族の結束はより強固なものとなった。

母はもう87歳だ。それでも、ちゃんと3度の食事を作り、洗濯物も自分でする。他人が見たらビックリするくらいに元気だ。それでも、何かあったら大変なので、自分と妹が交代で実家に戻り、母と一緒にいるようにしている。茶の間のイスに座って好きな大相撲をテレビ観戦する母の姿は、まるで可愛いお人形さんのように見える時もある。

父は放蕩を繰り返して借金してまでギャンブルに入り浸り、おまけに隠し子までつくるし、言葉にできないような苦労を背負ってきた。自分の極悪同盟全盛期には、何度も実家に石を投げられてガラスを割られ、親戚からも文句を言われ続け、そのたびに一升瓶を持っては近所に頭を下げてお詫びに行っていた。よその家の何十倍の苦労に耐えてきた、大事な大事なお母さんだ。やっぱり、最後まで一家全員で笑い合いたいし、100歳、いや110歳まで長生きしてもらいたい。自分は孫の顔を見せられなかったけど、今では父の遺影の前で笑いながら父の悪口や思い出話を語れるようになった。父の病後にようやく一家団欒の時が訪れたことは、松本家にとって幸いだったと思う。

しかし、父に先立たれたことは、やはり母の胸に深い傷を負わせたのだろう。2019年12月3日、母の心臓に軽い異常が見つかったため、埼玉県内の大きな病院に入院することになった。この時は、さすがに自分も落ち込んだ。試合の時は集中できるけど、それ以外の時は母のことが心配で、いてもたってもいられない。試合がない日は妹と毎日看病に行った。だから、長与千種のマーベラス最後の大会（12月8日、後楽園ホール）も、感情を押し殺して試合に出た。それがプロだから。リングに上がる以上、プロレスラーは、私生活を捨て去らなければならない。

必死に回復を念じて看病した結果、わずか10日間で退院した。心からホッとした。深谷市の実家に戻れば、お隣さんに親戚がいるし安心だ。そして、自分と妹が交代で家にいる。今ではすっかり元気になった。飲む薬の量は多いけど、3度の食事もちゃんと食べているから恐れ入る。やっぱり、ダンプ松本の母親だ。ホンモノの超人だよ。

結婚？　おそらく、もうしないだろう。特に名前は出さないけど、周囲の人間はほとんどが離婚して不幸になっているからだ。みんな男で苦労している。母に「女の子が好きなの？」と聞かれたこともあるけど、ここでハッキリさせたい。自分はLGBTの問題については寛容だと思うし、人間の数だけどんな性のあり方が存在してもいいと思う。だけど自分はレズじゃないよ（笑）。女子同士でいる時間があまりに長く続きすぎて、男といるより女子のほうが楽だったからだ。

男性に淡い恋心を抱いたこともあったけど、「どうせダマされて終わるんだから」という考えに落ち着いてしまう。いつも母を泣かせていた父の影響も大きいだろう。

そう考えたら、亡くなった父のことで泣いたばかりなのにまた腹が立ってきた（笑）。

悲しい話になるが、女子プロレスラーの木村花さんが、昨年5月に22歳の若さで亡くなった。知り合いからその事実を知らされた時、自分は絶句して「何で？」と涙が止まらなかった。花さんのお母さんで元プロレスラーの木村響子さんのことを考えると、心がとても苦しくなった。母と娘にしかわからない心の絆の深さは、自分もよくわかっている。悲しみは一生消えない。響子さんの心のケアをしてくれる人間も絶対に必要なんじゃないかと思う。今、一番心から苦しんでいるのは響子さんだと思うから。

花さんとは、響子さんが現役時代に売店を手伝っていたまだ子供の時に会ったぐらいだ。とてもあいさつがしっかりしていて、親のしつけが行き届いているなと思った。「あなた、プロレスラーになりなさいよ！」と声をかけたことを覚えている。今回はSNS上での誹謗中傷が原因だったらしいけど、彼女はヒールとしての生き様を貫こうとして、心を痛めてしまったのだろう。優しすぎたのかもしれない。これだけ情報量が世間にあふれてしまい、SNS上での反応がダイレクトに伝わるようになった現代では、若い女子レスラーのメンタルをケアする役目も絶対に必要なはずだ。花さんの死は、絶対に無駄にしてはいけない。

残されたプロレス関係者は死ぬ勇気より、生きる勇気を持つほうが大変だということを胸に刻みながら、この世界に携わるべきだと痛感する。とにかく、心から花さんのご冥福をお祈りしたい。

それと今、いじめの対象になっている若い人たちに伝えたい。いじめられたら逃げろ。隠れろ。思い切って学校なんか行かず、旅に出ろ。親に頼んで転校させてもらったっていい。生きる世界なんてどこにでもある。逃げ道だっていくらでもある。人生はとてもとても長い。いじめの対象になるのはせいぜい2~3年。逃げていいんだよ。2~3年の遅れなんて、その後の人生でいくらでも取り返せるって。でも、絶対に命を落としちゃダメだ。逃げて隠れている間はたったひとりの孤独に耐え、フィジカルとメンタルを徹底的に鍛えろ。

とにかく、いじめを受けて死ぬ道を選んだら負けなんだ。全日本女子プロレス時代は年賀状が一番届いた選手に2万〜3万円のお小遣いが出たんだけど、極悪同盟時代は自分がずっとトップだった。300枚以上の年賀状全部に「ダンプ死ね！」って書いてあるだけだったけど。それでも、地方の小学生が、何十円か払って年賀状を買い、つたない文字で「ダンプ死ね！」って書いてくれてるんだ。無視、いわゆるシカトされるよりましだと思った。年賀状一枚一枚に感謝した。まあ、自分が図太かっただけかもしれないけどね（笑）。

大事な自分の時間を割かれるくらいなら、ケータイやスマホなんて見なくていい。そんなヒマがあったら本を読み、音楽を聴け。空を見上げ、海を見つめ、森を眺めろ。風の向きを肌で感じろ。あなたがとても息苦しく感じるこの世界は、実はとてつもなく広く無限だ。あなたが生きていく世界なんてどこにだってある。

そして、いじめを受けたならば自分の代で連鎖を断て。いじめには憎悪しかない。憎悪は差別を生む。差別はやがて戦争を呼ぶだろう。戦争なんてリング上だけでいい。そんな邪悪な心はあなたが苦しめられただけでもう十分だ。誰かが倒れていたら手を差し伸べてやればいい。誰かが泣いていたら支えてあげればいい。たったそれだけのことでいいんだ。その気持ちで生き続けて10年後、いじめっ子たちと再会してみな。誰もあなたと面と向かって話す度胸なんてない、チンケな大人になっているはずだ。笑って許してやれる度量を持った大人になればいい。

とにかく、ここまできた以上はプロレスと一生添い遂げようと思う。今の日本人現役最年長レスラーは大先輩のグレート小鹿さん（大日本プロレス会長＝78）だ。目標は小鹿さんを超えること。還暦を迎えて現役を続けた日本人女子プロレスラーは前例がない。生き続けるからには、もう一度、歴史に名前を残してやろうと思う。幸いなことに母も「ここまで来た以上、とにかく健康だけには気をつけて好きなことをやりなさい」と言ってくれている。

もう、両ヒザはボロボロだ。痛み止めを飲んで試合を続けている。だけど壮絶に生きてきたダンプ松本は、最後まで壮絶に生き続け、壮絶に散ってやる。

この本を読んでいてくれるあなたが男子なのか女子なのか、少年なのか少女なのか、おじさんなのかおばさんなのか、お年寄りなのか若者なのか、あるいは遠い異国の人なのか、自分にはわからない。だけど、せっかく本を読んでくれて自分と接点を持ってくれたからには、生き様を最後まで見届けてほしいと心から願う。それが本心だ。

ありがとう。元気で。またどこかで。

［著者紹介］
平塚雅人
1963年6月26日、宮城県石巻市出身。石巻高校、日本大学芸術学部演劇学科卒。1989年東京スポーツ新聞社入社。格闘技取材歴32年。現在、運動第二部専門委員。同年から運動部配属。プロレス、ボクシング、相撲など担当。

ダンプ松本『ザ・ヒール』

2021年2月3日　初版第1刷発行

著者：平塚雅人

編集：岩﨑美憲

編集協力：土田和之、加藤祐介

制作：松田雄一郎

販売：大下英則

宣伝：阿部慶輔

発行者：村山 広
発行所：株式会社小学館
〒101-8001 東京都千代田区一ツ橋2-3-1
TEL:03-3230-5505（編集）03-5281-3555（販売）
印刷所：凸版印刷株式会社
製本所：牧製本印刷株式会社

ISBN 978-4-09-388793-9